公的統計による統計入門　　正誤表

■第 4 章　生活のための消費

P１２０　図 4 –19b　食料への支出と消費支出（1980–2021 年）のデータラベル

【誤】　1922 年　→　【正】　1992 年

目　　　次

（参考：コラム一覧）

はじめに 公的統計を見よう

ビッグデータの時代

　情報通信技術の発達に伴い、私たちが入手できるデータは以前より格段に増えた。たとえば、政府などによって作成される公的統計は e-Stat を通じてオンラインで入手できる。紙媒体が主流だった一昔前と比較できないほどに便利になった。利用可能な民間の統計も増加している。

　種々のデータが入手しやすくなっただけでなく、性質の複雑なデータが増えた。ビッグデータという言葉には、データの規模が大きいことと、データの構造が複雑であることの 2 つの意味が含まれる。株価などの金融データでは、年次・月次・日次のデータだけでなく、時間・分・秒の単位での測定値が利用されている。人流や物流のデータでは、時点と位置を同時に扱う必要がある。画像や音声、テキストなど、数値以外のデータも作成・蓄積されている。

　そうした複雑なデータを分析する技術も刻々と進歩している。とくに、コンピューターの性能向上による貢献が大きい。そのおかげで、従来は計算時間などの制約のために画餅であった手法が実用できるようになった。また、それらの高度な手法が、R や Python のように無料で入手できるソフトウェアで実行できるようになった。

基本的な分析の大切さ

　その一方で、社会の基本的な側面を捉える統計に親しむ時間は必ずしも増えていないように思える。以前と異なり、今は、表計算ソフトウェアなどに標準装備された機能を利用して、短時間で何枚も作図できる。にもかかわらず、宿題でもない限り、自主的にデータを分析することはほとんどない。筆者自身、講義や研究以外で、趣味としてデータを眺めることはあまりない。どんな初歩的な分析でも、データを

入手して分析するのには手間がかかる。何の目的もなく、単にデータを眺めるために時間を使う人は稀だろう。

　だが、データの分析には年季が要る。その点はスポーツと似ている。つまり、最初は下手でも、練習を重ねるうちにだんだんと上手くなる。練習を通して慣れていくうちに自力がついて、手際もよくなる。他人の分析結果を見ることも有用ではある。けれども、上達の王道は、自分で考えながらデータを分析することである。自分で興味を持てそうなデータを入手して、とにかくデータをいじる。いじっているうちに、データの性質が徐々に分かる。それと同時に、分析手法の使い方もいっそう身につく。データの分析を通して分析対象に関する理解が深まり、さらに新しい分析の発想が生まれる。私事ながら、大学院生になって初めて労働統計を分析したときに、講義を担当された N 先生が受講者に最初に授けた助言が「とにかくデータをいじってみなさい。いじることが自信につながる」ということだった。自分にとって初めて扱うデータを分析するとき、今でもこの助言を思い出す。何を習得するにも相応の時間が必要である。そして、時間をかけて慣れることで自信が生まれる。

　同じ N 先生からいただいたもう 1 つの助言が、「基本を大切に」ということだった。講義において、筆者が 1 巡目に報告した際、比率だけを使って分析した。その分析における比率が遷移確率に相当していたので、比率を分析すれば十分だと早合点していたからである。報告の後、N 先生は、「比率と、その比率を取る前の総数の両方を見なさい」とおっしゃってから、「大切なことだよ」と付け加えられた。社会に関する統計においては、遷移確率だけでなく遷移数も重要な情報であることを指摘されたのである。どのようにデータを分析するにせよ、まず基本的な分析から出発することがデータ分析の鉄則である。この助言もいつも心がけている。

なぜ公的統計を取り上げるのか

　本書では、基本的な手法によって日本に関する公的統計を分析する。公的統計と

は、行政機関などの日本の公的な機関が統計法に基づいて作成する統計の総称である。とくに、公的統計の中でも重要とされる基幹統計を中心に分析する。日本の公的統計に注目する理由は3つある。

第1に、本書の読者は日本について多くのことを知っている。たとえば、47都道府県の中で、東京都の人口が最も多いことや、北海道が最も広いことをほとんどの人がご存じだろう。データ分析においては、分析対象についての知識を持つことが重要である。その一方で、47都道府県の平均面積を知っている人は少ないだろう。私たちは日本に関する基本的な事項を案外知らない。そのような基本的な事項を紹介することも、日本の公的統計を分析する理由である。

第2に、公的統計は、統計学などに基づいて精確であることを旨に作成されている。作成の経緯が異なるために、統計調査の設計や集計の方法などが統計によって異なる。しかし、それらの作成の手順などは公表されており、信頼性が高いと期待できる。その意味で、利用者が安心して使えるようにそれらは作成されている。

第3に、公的統計は、情報の提供者であり作成費用の負担者でもある私たちにとっての共有財産となるべく作成される。それらは、行政のためだけでなく、私たちが社会の現状を知り、将来を構想するための材料として役立つことを目的に作成される。常に変化する社会を公的統計によってどのように捉えるかを知ることは、私たちの将来のために重要である。

一口に公的統計といっても、その量は膨大である。重要性が高い**基幹統計**だけでも53（2023年1月現在）、その他の一般統計や業務統計、加工統計と称されるものまで含めると何百とある (https://www.stat.go.jp/info/guide/public/keikaku/pdf/beshi1.pdf)。しかも、その1つ1つが、複数の（統計によっては500以上の）詳細な統計表を提供している。それらのすべてに精通することはとうてい不可能である。

そうした中で、公的統計を身近なものとするには、馴染みの統計を1つ作って、定期的にそれを眺めるのがいい。たとえば、就業者数を毎月確認する。定期的にそ

れを見ることによって、「今月はずいぶん増えたな」などといった勘が働くようになる。就業者数について勘が働くようになると、男女・産業別の就業者数の変化についても勘が働くようになる。さらに、就業と関連の深い失業の統計についても感得できるようになる。そのように馴染みの分野を少しずつ増やしていくことが、データをいじることによって自信をつけることの具体的な内容である。

本書の目的

　そのような馴染みとなりそうな公的統計を題材として、基本的な手法によってそれらを見ることが次章以降の目標である。そこでは、事実発見を目的とする探索型の分析を中心とする。もちろん、特定の主張や仮説の成否を確かめるための検証型の分析も重要である。しかし、どのような仮説を立てるにせよ、その設定に先立って、分析対象を観察してその性質を調べることが必要だろう。もっとも、これら 2 つの接近法に明確な区別はない。最初は分析対象について模糊とした印象しか抱いていない状態から出発して、データの分析を進めていくうちに分析対象の様子が分かって検証すべき仮説が明確になり、明確になった仮説の下でデータを精査するうちに新たな発見がある。その繰り返しの中で分析対象に関する自分の理解が深まる。そのようなデータの分析と分析対象に関する理解の間の往来の雰囲気を本書で伝えたいと思う。

　次章以降、公的統計を利用しながら、私たちの住む日本を、一国全体から日々の暮らしへと向かう方向で調べていく。第 1 章では、社会の大きさを測る最も基本的な側面として面積と人口、とくにそれらの都道府県間の相違に注目する。第 2 章では、人口を変化させる要因について見る。第 3 章では、人口を労働力という観点から見つめ直す。第 4 章では、私たちの生活を支える消費について詳しく見る。第 5 章では、私たちの毎日の時間の使い方の変化を見る。

　本書において示される事実は、多くの人にとって自明と思えるだろう。しかし、

簡単な事柄であっても、その真偽を確認するには手間がかかる。日常では、その手間を省いて風説をそのまま事実と認識することが多い。「裏を取る」という作業は、自分で物事を考察するときに大切である。その際に有力な材料の1つが公的統計である。

　本書が、公的統計を自分の味方にするための道案内になることを願う。

第1章 面積と人口

　国家の要素は、国土と国民、主権の3つであると言われる。とくに、最初の2つは、国家の規模を測る最も基本的な要素である。このことは、国だけでなく、種々の社会集団にも当てはまる。たとえば、都道府県や市区町村などの行政区域によって定まる居住者の集団や、工場や学校などの他の社会的な集団においても、ある集団が所有する土地の面積とそれに所属する人員の数は、その集団の規模を測るのに有用である。

　面積と人口は、それぞれを単独に見ることも、それらを組み合わせて見ることもできる。たとえば、面積に注目すれば、ある集団の所有する土地が他の集団と比較して広いのか狭いのかが分かる。面積と人口を組み合わせると、その集団における混雑の度合いを知ることができる。混雑の度合いは、当該集団からわれわれが肌で感じる活気と結び付く。だとすれば、面積と人口の組み合わせは、ある集団について私たちの抱く印象と対応する。

　第1章では、47都道府県の可住地面積と人口を概観する。

都道府県別可住地面積のヒストグラム

　2020年における日本の総面積と**総人口**は、それぞれ、約378千平方キロメートル、約126百万人であった。総面積のうち、過半を森林が占める。総面積から林野面積と主要湖沼面積を差し引いた**可住地面積**[1]は約123千平方キロメートルと算出される。

　可住地面積と人口は都道府県ごとに異なる。最初に、都道府県別の可住地面積の違いを見るために、次のような手順で縦棒グラフを作成する。まず、都道府県を可住地面積の大小に応じてグループに分ける。そのために、可住地面積に関する区間を構成する。それらの区間は、重複がないように、かつ、すべての都道府県別可住

地面積がいずれかの区間に属するように決める。ここでは、可住地面積が 0 平方キロメートルより大きく 500 平方キロメートル以下である都道府県を第 1 グループ、500 平方キロメートルより大きく 1,000 平方キロメートル以下である都道府県を第 2 グループ、以降、同じようにして、500 平方キロメートル間隔で区間を構成する。最後の区間を 22,000 平方キロメートルより大きく 22,500 平方キロメートル以下とすれば、最大値がこの区間に含まれる。

　次に、区間によって分けられた 1 つ 1 つのグループに属する都道府県の数を勘定する。勘定した結果を、そのグループの**度数**と呼ぶ。区間によっては、それに属する都道府県がない場合もある。たとえば、第 1 グループ（0-500 平方キロメートルの区間）に含まれる都道府県はない。この場合、第 1 グループの度数は 0 となる。

　すべてのグループの度数を求めたら、それらを棒グラフで表示する。グラフの縦軸を度数、横軸を可住地面積とする。1 つのグループに 1 つの縦棒が対応する。1 つのグループに対応する縦棒は、そのグループの度数を縦の長さに、区間の幅を横の長さにした長方形で表す。度数 0 のグループの長方形は、高さが 0 となるため、棒としてはグラフに現れない。長方形の面積は縦の長さと横の長さの積であるから、棒グラフの中に登場する 1 つ 1 つの長方形の面積の比は、それぞれの長方形に対応するグループの度数の比に等しくなる。

　図 1-1 は、これらの手続きによって描かれた棒グラフである。その外見は通常の棒グラフである。けれども、それは、可住地面積の値によって都道府県をグループ分けして度数を勘定するという作業を経て描かれる。そのように描かれた棒グラフを**ヒストグラム**と呼ぶ。

　度数を勘定するという手間をかけた分、図 1-1 は、都道府県別の可住地面積の違いを捉えるのに便利な性質を備えている。たとえば、46 の都府県の可住地面積が 500 平方キロメートルから 5,000 平方キロメートルにあるのに対して、1 つだけ極端に可住地面積の大きいもの（北海道）があることが分かる。横軸に可住地面積が目盛

られているため、隔たりがどの程度であるかも直感できる。また、北海道を除いた都府県の中でも可住地面積の散らばりが大きく、46 都府県の最小値と最大値とに約10 倍の開きがあること、可住地面積の比較的小さい 1,000-1,500 平方キロメートルの区間に最多となる 14 の都府県が含まれること、などが観察できる。

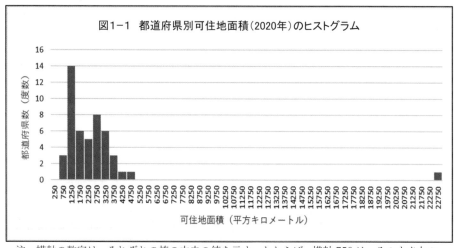

図1-1　都道府県別可住地面積（2020年）のヒストグラム

縦軸：都道府県数（度数）

横軸：可住地面積（平方キロメートル）

注　横軸の数字は、それぞれの棒の中央の値を示す。たとえば、横軸 750 は、そのすぐ上の棒の左端が 500、右端が 1000 であることを表す。
資料　総務省統計局『社会生活統計指標－都道府県の指標－2022』B1103 可住地面積

　都道府県別可住地面積の**平均**、すなわち、可住地面積の合計（約 123 千平方キロメートル）を都道府県数 47 で割った値は 2,616 平方キロメートルとなる。可住地面積が平均よりも小さい都府県数は 29 となり、過半を占める。このことは、平均の近辺を典型とみなすことに注意が必要であることを意味する。実際、図 1-1 によれば、500-2,000 平方キロメートルの区間に含まれる都府県数 23 は、平均の近辺である2,000-3,500 平方キロメートルの区間に含まれる県数 19 よりも多い。平均の近辺が典型であるとは言いにくい。

図 1-1 において平均が典型よりも高くなる一因は、極端に大きな値（北海道）が
データに含まれていることにある。それ以外の 46 都府県の可住地面積の平均は
2,180 平方キロメートルとなる。言い換えれば、データの中にある極端に大きな値
（**外れ値**）は平均に大きな影響を及ぼす。

　しかし、外れ値である北海道を除いて計算した平均も、多くの都府県が集中する
500-2,000 平方キロメートルの区間に入らない。再計算した平均も依然として典型
よりも大きい。このような現象が生じる原因は、都道府県別可住地面積のヒスト
グラムの形状に求められる。すなわち、図 1-1 において、比較的値の小さい 500-2,000
平方キロメートルの区間に多くの都府県が含まれており、3,000 平方キロメートル
以降の諸区間に含まれる県が徐々に少なくなる。言い換えれば、ヒストグラムの右
裾が長くなっている。ヒストグラムが右裾に長くなる場合、平均が典型的な値より
も大きくなりやすいことが知られている。たとえ外れ値がなくても、平均は長い右
裾の影響を受ける。

　裾が右に長いことのほかに、都道府県が集中する区間が 2 つあることも図 1-1 か
ら観察できる。すなわち、1,000-1,500 平方キロメートルの区間（14 都府県）と、
2,500-3,000 平方キロメートルの区間（8 県）に多くの都道府県が集中している。こ
のことから、たとえば、可住地面積の大小によって都道府県を 3 つのグループに分
けるのであれば、可住地面積が A. 500-2,000 平方キロメートルのグループ（23 都府
県）、B. 2,000-3,500 平方キロメートルのグループ（19 県）、C. 3,500 平方キロメー
トルよりも大きいグループ（5 道県）と分けるのが一案である。A も B も、グルー
プ内の可住地面積が中ぐらいの都府県が典型となる。図 1-1 を描かずに、面積の昇
順で機械的に 3 等分すると、可住地面積が a. 500-1,500 平方キロメートルのグルー
プ（17 都府県）、b. 1,500-2,800 平方キロメートルのグループ（16 県）、c. 2,800 平
方キロメートルよりも大きいグループ（14 道県）となる。b に含まれる県の可住地
面積は、1,500-2,800 平方キロメートルの区間にほぼ一様に広がっており、グループ

内に典型と言える区間がない。類似したものどうしでグループを作るという観点からは、bよりもBの方が好ましいと見える。もちろん、どちらが望ましい分類かは目的による。けれども、どのような目的であれ、前もってヒストグラムの様子を確認しなければ、不便なグループ分けができかねない。

　なお、紙面を節約するためにヒストグラムの一部が省略されることがある。たとえば、図 1-1 において、右端の外れ値の左側に位置する 34 個のグループないし区間に含まれる都道府県が 0 である。このため、図 1-1 は間延びした印象を与える。このとき、横軸にワリを入れて横軸の一部に省略があることを明示した上で、外れ値を左に寄せて表示することがある。これによって、間延びした印象が修正できる。しかし、他の観察値から外れ値がどれほど隔たっているかについての視覚的な情報は損なわれる。このような省略があるときには、省略がないときのヒストグラムの様子を想像して、乖離の程度を頭の中で再現するとよい。

都道府県別総人口のヒストグラム

　都道府県別総人口についてもヒストグラムを作成する。人口に関する区間の幅を 100 万として、0 万人より多く 100 万人以下のグループ、100 万人より多く 200 万人以下のグループ、以降、1400 万人より多く 1500 万人以下のグループまで、区間によって 15 のグループを構成する。次に、それぞれのグループに属する都道府県の数を勘定する。最後に、それぞれのグループについて、縦軸を度数、横軸を総人口としたヒストグラムを描く。

　図 1-2 は、都道府県別総人口に関するヒストグラムを示す。総人口に関するヒストグラムも、右裾が長い。極端に大きな外れ値（東京都）がある一方で、過半（31県）が総人口 0 万-200 万人の区間に属する。500 万-1000 万人の区間には 8 道府県が含まれる。総人口の大小によって都道府県を分類するときには、総人口のヒストグラムを参考に、まずは 500 万人未満とそれ以上とに二分した上で、必要に応じて

500万人未満の県を細分することになるだろう。

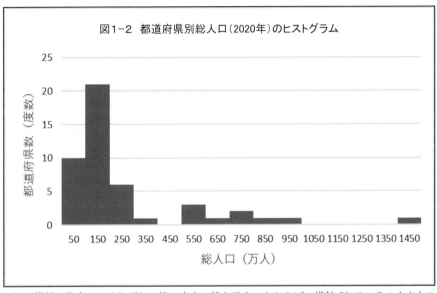

図1-2　都道府県別総人口（2020年）のヒストグラム

都道府県数（度数）

総人口（万人）

注　横軸の数字は、それぞれの棒の中央の値を示す。たとえば、横軸50は、そのすぐ上の
棒の左端が0、右端が100であることを表す。
資料　総務省統計局「国勢統計」2020年調査

　都道府県別総人口の平均、すなわち都道府県別総人口の合計を47で割った数値は
約268万人となる。35府県の総人口が全国平均よりも少ない。1つの外れ値（東京
都）を除いても残りの平均は約244万人となる。総人口においても、長い右裾が平均
を引き上げている。

可住地面積と総人口の関係
　図1-1は都道府県別可住地面積の分布を、図1-2は都道府県別総人口の分布を、
別々に表している。このため、両者の関係を図1-1と図1-2だけから捉えることは

できない。たとえば、可住地面積の大きい所ほど総人口も多くなっているかどうか
を、図 1-1 と図 1-2 から知ることはできない。両者の関係を調べるには、両者を同
時に 1 つのグラフに描く。

　図 1-3 は、縦軸に都道府県別総人口（万人）を、横軸に可住地面積（平方キロメ
ートル）を取り、1 つ 1 つの都道府県の（可住地面積、総人口）の組み合わせを 2 次
元平面に打点したグラフを示す。図 1-3 は**散布図**と呼ばれる。1 つの白丸が 1 つの
都道府県に対応する。黒丸は（都道府県別可住地面積の平均、都道府県別総人口の
平均）を表す。

　図 1-3 から、原点に近い所、すなわち、可住地面積と総人口の両方が小さい領域
に含まれる府県が多いことが分かる。実際、可住地面積が 2,500 平方キロメートル
以下で総人口が 200 万人以下の県が 23 ある。同時に、可住地面積が平均よりも小
さいにもかかわらず総人口が平均よりも多い府県が少数ながらあることや、逆に可
住地面積が平均よりも大きいにもかかわらず総人口が平均よりも少ない県がそれな
りにあることも分かる。図 1-1 と図 1-2 は、それぞれ、図 1-3 の横軸の値だけ、ま
たは、縦軸の値だけによって作成されている。

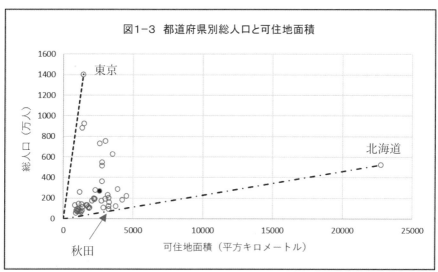

図1-3　都道府県別総人口と可住地面積

注1　黒丸は（可住地面積の平均、総人口の平均）を表す。
注2　破線は原点と東京を結ぶ線分、一点破線は原点と北海道を結ぶ線分である。
資料　総務省統計局『社会生活統計指標－都道府県の指標－2022』B1103　可住地面積
　　　総務省統計局「国勢統計」2020年調査

　図1-3において、図中の1つの点と原点とを結んだ線分の傾きは、総人口を可住地面積で割った値、すなわち、可住地面積に基づく**人口密度**（単位：人/平方キロメートル）[2)]を表す。たとえば、原点と左上の点を結ぶ破線の傾きは東京都の人口密度を、原点と右横の点を結ぶ一点破線の傾きは北海道の人口密度を表す。図1-3から、前者が人口密度の最大値に、後者がその最小値になることが分かる。原点と黒丸を結ぶ線分（図示していない）の傾きは、都道府県別総人口の平均を都道府県別可住地面積の平均で除した人口密度、あるいは、全国の値（都道府県別平均の47倍）で計算した人口密度を表す。図1-3からは、過半の都道府県の人口密度が全国よりも低いことが分かる。実際に勘定すると33道県になる。

　さらに、図1-3を、人口密度（原点と当該の県を結ぶ直線の傾き）と可住地面積（横軸の値）の両方から見ることもできる。たとえば、北海道の人口密度（約 230

人/平方キロメートル）には秋田県の人口密度（約297人/平方キロメートル）が46都府県の中で最も近い。しかし、北海道の可住地面積は秋田県の可住地面積よりも7倍弱大きい。土地が広いほど、その中の小地域間の人口は偏在しやすくなるだろう。したがって、北海道内の小地域間における人込みの散らばりは、秋田県内の小地域間の人込みの散らばりよりも大きくなるだろう。このことをきちんと確かめるには、市町村単位の可住地面積と総人口を調べなければならない。しかし、図1-3からも、そのような予想が立つ。

少々脱線するけれども、都道府県別総人口の平均を都道府県別可住地面積の平均で除した人口密度（全国の人口密度）が、都道府県別人口密度の平均（都道府県別人口密度を合計して47で除した値）と異なることに注意する。都道府県別の人口密度から全国の人口密度を計算するには**加重平均**を用いる。

----------〈コラム：加重平均〉--------------------------------------

北海道と東京都の総人口と可住地面積、それらの2地域の合計は表1-1で与えられる。また、北海道と東京都、2地域全体の人口密度も表1-1に示されている。

表1-1から、2地域全体の人口密度799人/平方キロメートルは、北海道の人口密度230人/平方キロメートルと東京都の人口密度9,872人/平方キロメートルを足して2で割った値とは異なる。

表1-1　北海道と東京都、2地域全体の総人口と可住地面積、人口密度

地域	総人口（人）	可住地面積(km^2)	人口密度（人/km^2）
北海道	5,224,614	22,699	230
東京都	14,047,594	1,423	9,872
2地域全体	19,272,208	24,122	799

資料　総務省統計局『社会生活統計指標－都道府県の指標－2022』B1103 可住地面積
　　　総務省統計局「国勢統計」2020 年調査

北海道と東京都の人口密度と 2 地域全体の人口密度との関係は、以下のように示される。

$$2 \text{地域全体の人口密度} = \frac{\text{北海道の総人口} + \text{東京都の総人口}}{\text{北海道の可住地面積} + \text{東京都の可住地面積}}$$

$$= \frac{\text{北海道の総人口}}{\text{北海道の可住地面積} + \text{東京都の可住地面積}}$$

$$+ \frac{\text{東京都の総人口}}{\text{北海道の可住地面積} + \text{東京都の可住地面積}}$$

$$= \frac{\text{北海道の可住地面積}}{\text{北海道の可住地面積} + \text{東京都の可住地面積}} \times \frac{\text{北海道の総人口}}{\text{北海道の可住地面積}}$$

$$+ \frac{\text{東京都の可住地面積}}{\text{北海道の可住地面積} + \text{東京都の可住地面積}} \times \frac{\text{東京都の総人口}}{\text{東京都の可住地面積}}$$

$$= \frac{\text{北海道の可住地面積}}{\text{北海道の可住地面積} + \text{東京都の可住地面積}} \times \text{北海道の人口密度}$$

$$+ \frac{\text{東京都の可住地面積}}{\text{北海道の可住地面積} + \text{東京都の可住地面積}} \times \text{東京都の人口密度}$$

　つまり、2 地域それぞれの人口密度に 2 地域それぞれの可住地面積の構成比を乗じ、それらの積の合計が 2 地域全体の人口密度になる。実際、この式に基づいて計算すると、

$$\frac{22699}{22699 + 1423} \times 230 + \frac{1423}{22699 + 1423} \times 9872 = 799$$

となり、2 地域全体から計算した結果（表 1-1 の右下）と等しくなる。この結果が 2 地域それぞれの人口密度を足して 2 で割った値よりも北海道の人口密度に近くなる理由は、北海道の人口密度に乗じる係数（約 0.94）が東京都の人口密度に乗ずる係数（約 0.06）よりも大きいためである。上で示した式の変形を見れば、人口密度の

計算式の分母に現れる可住地面積の大小に応じてそれぞれの地域の人口密度に乗じる係数が決まることが分かる。このため、土地の広い北海道に乗じる係数が、土地の狭い東京都に乗じる係数よりも大きくなる。

全国の人口密度を都道府県別人口密度から計算する場合にも同じ計算方法が利用できる。すなわち、(1)都道府県別の可住地面積の構成比（ある都道府県の可住地面積/都道府県別の可住地面積の合計）を計算し、(2)1つ1つの構成比とそれぞれに該当する都道府県の人口密度の積を求め、(3)それらの積を合計する。その合計が全国の人口密度となる。

手順(1)から(3)によって平均を計算する方法を加重平均と呼ぶ。手順(1)で計算する構成比を**重み**と呼ぶ。重みは非負で、その合計は 1 となる。通常の平均は、重みがすべて等しい加重平均とも言える。重みの取り方を工夫することによって、さまざまな平均を計算できる。

--〈コラム終了〉--------

図 1-3 においては、原点の付近に多くの県が集中しているため、総人口と可住地面積との関係が見づらい。そのような場合、縦軸または横軸、あるいは両方を**対数目盛**で表示すると、縦軸と横軸に取った変数どうしの関係が見やすくなることがある。実際、図 1-3 の縦軸と横軸の両方を対数目盛で表示すると、総人口と可住地面積との関係が見やすくなる。その結果を図 1-4 に示す。

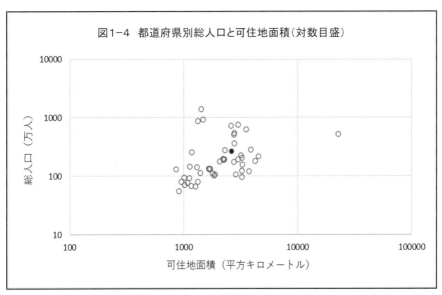

図1-4 都道府県別総人口と可住地面積（対数目盛）

注　黒丸は（可住地面積の平均、総人口の平均）を表す。
資料　総務省統計局『社会生活統計指標－都道府県の指標－2022』B1103 可住地面積
　　　総務省統計局「国勢統計」2020 年調査

　図 1-4 の横軸を用いて、対数目盛の性質を説明する。図 1-4 の横軸の目盛りは不思議に見える。なぜなら、(a)100 から 1,000 までと、(b)1,000 から 10,000 まで、(c)10,000 から 100,000 まで、が同じ長さで描かれている。実際には、 (a)の長さが900、(b)の長さが 9,000、(c)の長さが 90,000 であるから、図 1-3 では(a)よりも(b)の方が、(b)よりも(c)の方が、ずっと長く描かれる。なぜ、図 1-4 では(a)、(b)、(c)が同じ長さで描かれているのか。その理由は、対数目盛では比率ないし変化率が等しいものが同じ長さで描かれるためである。すなわち、(a)1,000 は 100 の 10 倍、(b)10,000 は 1,000 の 10 倍、(c)100,000 は 10,000 の 10 倍、になる。このため、対数目盛では(a)、(b)、(c)が同じ長さになる。比率が等しいものを同じ長さで描くという規則は、小さい数値にも適用される。たとえば、100 から 150 までと、400 か

ら 600 までは、同じ長さになる。どちらの組み合わせも、最初の数値を 1.5 倍すると次の数値になるからである。

　対数目盛の持つこのような性質によって、小さな値の間の差が相対的に拡大される一方、大きな値の差が相対的に縮小される。その結果、原点付近に集中していた 33 県の間の差が強調される。他方で、総人口や可住地面積が極端に大きい都道府県が図の中央に引き寄せられる。このため、図 1-4 では総人口と可住地面積との関係が見やすくなる。図 1-4 から、おおよその傾向として、可住地面積が大きくなるほど総人口が多くなる。同じことを視覚的に表現すれば、図 1-4 において、これら 2 つの変数の間に右上がりの傾向がある。このような場合、都道府県別の可住地面積と総人口の間に**正の相関**があると言う。

都道府県別人口の男女・年齢構成

　都道府県別人口は、総数だけでなく男女や年齢の構成に関しても違いがある。ある社会集団の人口に関する男女・年齢別構成を表示する方法として、人口ピラミッドが用いられる。**人口ピラミッド**とは、当該の集団について、縦軸に年齢階級を、横軸の中央から左方向に男性の年齢階級別人口、右方向に女性を取って描いた横棒グラフである。ピラミッドの左半分の男性の部分を右に 90 度回転させると、その集団に所属する男性の年齢に関するヒストグラムになる。つまり、人口ピラミッドは、ある社会集団について男女別に描いた年齢に関するヒストグラムをひとまとめに示したグラフである。

　図 1-5a と図 1-5b、図 1-5c は、それぞれ、2020 年に実施された国勢調査による**国勢統計**に基づいて作成した、日本全国と東京都、鳥取県の人口ピラミッドである。東京都の総人口は約 1405 万人、鳥取県の総人口は約 55 万人だった。前者は 47 都道府県で最多、後者が最少だった。男女・年齢階級の構成を比較しやすいように、3 つの図の横軸の目盛りが地域の人口の大きさに合わせて変更されていることに注意

する。3つの図を比較すると、東京都と鳥取県では、総人口だけでなく男女・年齢の構成にも違いがあることが分かる。たとえば、全国と比較して、東京都では 20-55 歳の割合が相対的に高いこと、鳥取県ではそれが低いこと、とくに 20-29 歳の割合が低いことが分かる。

------------〈コラム：国勢統計〉---------------------------------------

　国勢統計は国勢調査に基づいて作成される基幹統計である。国勢調査は総務省統計局によって 5 年おきに実施される。第 1 回が 1920 年に実施され、直近では 2020 年に実施された。ただし、1945 年は正式の国勢調査とは別の調査として人口が調査された。

　国勢調査においては、日本におけるすべての世帯が調査され、世帯員の年齢や就業状態、世帯の構成などが調べられる。日本における公的統計調査の中で、全国のすべての世帯を調査するのは国勢調査に限られる。このため、国勢調査は、世帯を対象とする公的統計の中で最も基本的な基幹統計調査と位置付けられる。世帯を対象とする他の公的統計調査のほとんどが、その企画・設計・実査・集計の段階で国勢調査の結果を利用する。こうした統計作成における利用だけでなく、議員定数の配分のような国政の重要な決定にも国勢統計が利用される。

--〈コラム終了〉---------

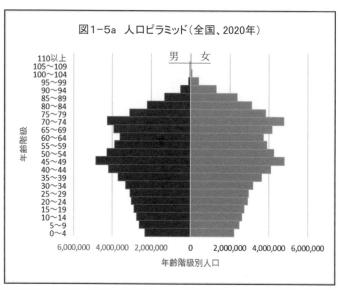

図1−5a 人口ピラミッド（全国、2020年）

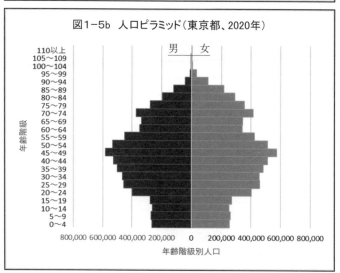

図1−5b 人口ピラミッド（東京都、2020年）

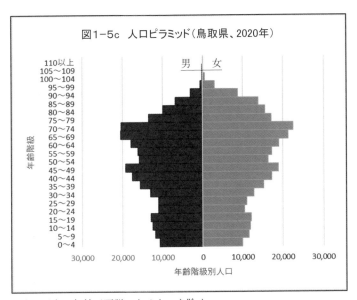

図1-5c　人口ピラミッド（鳥取県、2020年）

注　男女・年齢が不詳であるものを除く。
資料　総務省統計局「国勢統計」2020年調査

　全国と東京都、鳥取県の男女・年齢階級の構成をさらに比較しやすくするために、それぞれの地域の総人口がすべて100万人になるように調整して人口ピラミッドを重ね描きする。たとえば、全国の人口については、全国の男女・年齢階級別人口に（100万/全国の総人口）を乗じる。東京都と鳥取県の男女・年齢階級別人口も同じように調整する。図1-5dは描き直しの結果を示す。ただし、全国と東京都、鳥取県を容易に比較できるように横棒の頂点を結んだ線グラフで人口ピラミッドを表している。

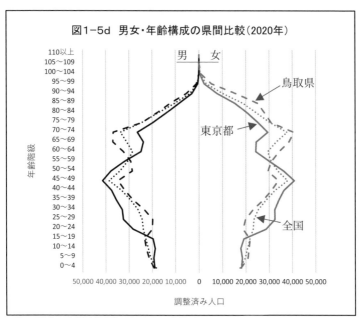

図1-5d 男女・年齢構成の県間比較(2020年)

注 男女・年齢が不詳であるものを除く。
資料 総務省統計局「国勢統計」2020 年調査

　図 1-5d によって、東京都の人口における男女・年齢階級の構成を全国と比較する
と、男女とも、0-19 歳の階級の構成比は全国よりも低く、20-54 歳の階級の構成比
は全国より高く、60 歳以上の構成比は全国よりも低いことが分かる。同じように、
鳥取県を全国と比較すると、男女とも、0-19 歳の階級の構成比は全国とほぼ同じで、
20-54 歳の階級の構成比は全国より低く、60 歳以上の構成比は全国よりも高いこと
が分かる。

　都道府県間を人口が移動しても、全国の人口における男女・年齢階級別の構成は
変わらないのだから、東京都と鳥取県の人口における男女・年齢階級別の構成の違
いは、主として、都道府県間の人口移動によって引き起こされていると想定できる
だろう。おそらく、大学進学や就業を機会に地方から都市部に人口が移動する結果、
転出元では転出した人口の男女・年齢階級の構成比が低下し、転入先では転入した

人口の男女・年齢階級の構成比が上昇するのだろう。図1-5dは、人口移動に関するこのような通説と合致しているように見える。少々意外なのは、鳥取県における0-19歳の年齢階級の構成比が全国とほぼ同じになることだ。人口の転出によって働き盛りの年代の構成比が低くなるのであれば、鳥取県における0-19歳の年齢階級の構成比は全国よりも高くなりそうに思える。都道府県別の0-19歳の年齢階級の構成比は、人口移動だけでなく、地域別の出生・死亡の状況にも影響を受ける（第2章）。都道府県別の人口の男女・年齢階級別構成比の違いを明らかにするためには、地域間の比較だけでなく、人口を増減する要因にまで遡って考察する必要がある。

　なお、図1-5dは、全国と東京都、鳥取県の総人口の違いを考慮せずに、構成比だけで三者を比較している。もし、図1-5bと図1-5cの横軸の目盛りをそろえて人口ピラミッドを描き直せば、図の印象は全く異なる。たとえば、2020年における東京都の65歳以上人口約311万人は鳥取県の65歳以上人口約18万人よりも格段に多い。

　47都道府県の人口ピラミッドを一挙に比較するのは容易でない。そこで、年齢を3つに区分して、都道府県別の(1)0-14歳人口、(2)15-64歳人口、(3)65歳以上人口、の構成比をグラフで表現することを試みる。図1-6は、横軸に(2)の構成比（%）、縦軸に(3)の構成比（%）を取った散布図である。ただし、年齢不詳のものを除いて構成比を計算した。構成比の合計は100%になるから、図1-6において、傾き-1の（左上から右下に伸びる）直線状にある点の(1)の構成比は同じになる。図1-6には、(1)が15%になる直線（左下）と10%になる直線（右上）が示されている。原点に近い直線ほど(1)の割合が高くなる。

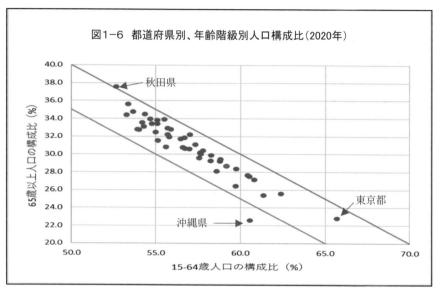

図1-6　都道府県別、年齢階級別人口構成比（2020年）

縦軸：65歳以上人口の構成比（%）
横軸：15-64歳人口の構成比（%）

秋田県

東京都

沖縄県

注1　男女・年齢が不詳であるものを除く。
注2　図中、右上の直線は0-14歳人口の構成比が10%、左下の直線はその構成比が15%であることを表す。
資料　総務省統計局「国勢統計」2020年調査

　図1-6から、大多数の都道府県において、(1)が10%から15%までの5ポイントの範囲に収まることが分かる。つまり、(1)の散らばりは、(2)や(3)の散らばりに比べて小さい。その結果、(2)と(3)の和は、都道府県によらずほぼ一定の値となる。図1-6から目算すれば、(2)と(3)の合計がおよそ87ないし88%となる。このことは、(2)が高ければ(3)が低くなる、あるいは、(2)が低ければ(3)が高くなる傾向があることを意味する。もともと、(1)、(2)、(3)の構成比の合計が100%になるので、1つの項目の構成比が高いと、他の2つの項目の構成比が低くなるのは当然ではある。しかし、図1-6に示される(2)と(3)との間にある強い直線関係の主因は、(1)の散らばりが比較的小さいことにある。おそらく、もともと(1)の構成比が低めであることに加えて、(1)の年齢層では都道府県間の移動が少なく、それよりも高い年齢層に

おいて都市部への移動が活発化して、かつ、移動した人口の多くが移動先に留まることが、(2)と(3)の間に負の傾きを持つ直線関係を生じさせているのだろう。図1-6において観察できるような、(2)と(3)の間に右下がりの傾向があるとき、両者に**負の相関**があると言う。

なお、0-14歳人口の構成比が15%よりも高いのは沖縄県だけである。沖縄県の65歳以上人口比率は47都道府県で最低となる。その理由は、15-64歳人口の構成比が高いだけでなく、15歳未満の人口の構成比が他の都道府県に比べて高いことにある。

----------〈コラム：ポイント〉------------------------------------

47都道府県の中で、15-64歳人口構成比の最高は東京都の65.7%、最低は秋田県の52.7%である。このとき、両者の差は13.0ポイントであると表現する。これら2つの構成比を計算する際の分母が異なる上に、「東京都の構成比が秋田県よりも13.0%高い」と表現すると、超過率 $(65.7-52.7)/52.7 \times 100$ と混同する恐れがあるためである。報道においても、百分率の差はポイントと表現される。百分率であることを明示するためにパーセント・ポイントと表現することもある。

---〈コラム終了〉----------

第1章のまとめ

第1章では、都道府県別の可住地面積と総人口および両者の関係、そして、都道府県別人口の男女・年齢別構成比を概観した。可住地面積と総人口のヒストグラムを描き、どちらも、右裾が長い分布になることを確かめた。また、縦軸を都道府県別総人口、横軸を都道府県別可住地面積とした散布図によって、散らばりが大きいものの、両者に正の相関があることを確認した。そして、全国・都道府県別の人口ピラミッドなどによって、都道府県間の男女・年齢の構成の相違が、20歳以降の都道府県間人口移動によってもたらされる可能性が高い。

第1章で使用した手法、すなわち、(1)分布全体の様子を視覚的に捉えるヒストグラム、(2)ヒストグラムを人口分析用に変形した人口ピラミッド、(3)2つの変数の間の関係を視覚的に捉える散布図、(4)分析に役立つように値を変換する対数目盛は、基本的でありながら効果的な分析手法である。豊かな情報を含む公的統計をこれらの手法で分析すれば、初歩的な手法でも、統計を眺めているだけでは得られない知見が得られる。

注

1) 総務省『社会生活統計指標－都道府県の指標－2022』455ページ。

2) 通常の人口密度では、(林野面積等を除かない)面積を分母とする。しかし、本書では、「人込み」とよりよく対応することを期待して、可住地面積を分母とした。

第2章 人口の変化と出生・死亡・移動

　第1章で、都道府県別に可住地面積と人口を見比べた。いわば、可住地面積と人口を空間的に比較した。そのように、同じ時点において複数の集団を比較することを**横断面**的な分析と呼ぶ。これに対して、同じ集団の時間的な変化を把握することを**時系列**的な分析と呼ぶ。

　第2章では、日本の人口の時系列的な変化を中心に調べる。

日本の総人口の長期的な変化

　一国の総人口は時間とともに変化する。図2-1は、1920年から2020年までの、日本の総人口の推移を示す。ここにおける総人口は、国勢統計における常住人口（「転入と転出の推移」の節参照）とする。図2-1から、長期的な傾向として、1920年から2010年にかけて総人口は増加し、それ以降に減少した。もう少し詳しく見れば、1945年にはそれまでの趨勢よりも落ち込んでいること、頂点となる2010年に近づくにつれて総人口の増加が頭打ち、つまり、グラフが右上がりであるけれども上がり方が徐々に緩やかになっていること、などが分かる。

図2-1　総人口の推移

資料　総務省統計局「国勢統計」（ただし、1945 年の数値は「昭和 20 年人口調査」による）

日本の総人口の短期的な変化

　そうした長期的な傾向の推移は、短期的な変化と組み合わせることによっていっ
そう明確に捉えられる。そのために、**変化量**に注目する。ここで、ある時点におけ
る総人口の変化量は、その時点における総人口から、それよりも 1 つ前の時点にお
ける総人口を減じて求める。たとえば、時点の間隔を 5 年としたとき、1920 年から
1925 年にかけての総人口の変化量は、1925 年における総人口約 6000 万人から 1920
年における総人口約 5600 万人を減じた約 400 万人となる。この変化量は、1920 年
から 1925 年にかけて生じた変化なのだから、「1920 年から 1925 年にかけての変化
量」と呼ぶのが正確である。しかし、記述の簡単のため、本書ではこれを単に 1925
年の変化量と呼ぶ。

　図 2-2 は、1925 年から 2020 年までの 5 年間隔の日本の総人口の変化量を示す。
視覚的には、図 2-1 におけるそれぞれの時点における点の高さから、その左隣の点
の高さを引いて描いたのが図 2-2 である。1920 年については、前時点の値がないた
め、その変化量は計算できない。したがって、図 2-2 に表示される変化量の個数は

図 2-1 に表示される観察点の個数より 1 つ少ない。

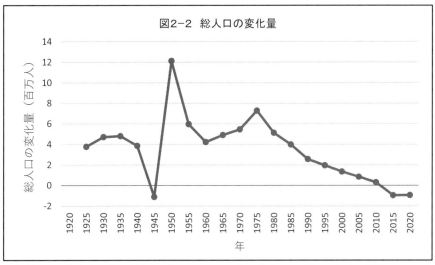

図2-2　総人口の変化量

資料　総務省統計局「国勢統計」（ただし、1945 年の数値は「昭和 20 年人口調査」による）

図 2-2 から、以下のことが分かる。

(1) 1920 年から 1940 年まで、5 年間ごとに 400 万人から 500 万人ほど人口が増えていた。

(2) 1940 年から 1945 年にかけては人口が減少した。

(3) 1945 年から 1950 年にかけて人口が急増した。

(4) 1950 年から 1970 年までは、5 年間ごとに 400 万人から 600 万人の間で人口が増加した。

(5) 1970 年から 1975 年にかけて人口が急増した。

(6) 1975 年以降、人口の変化量が正、したがって、人口は増えており、図 2-1 における該当箇所が右上がりであることに変わりないものの、変化量そのものは減少に転じた。

(7) 2010 年から 2020 年にかけて人口の変化量が負となり、その 10 年間で人口が減少して、図 2-1 における該当部分が右下がりとなった。

　これらの現象が生じた理由を、図 2-2 だけから知ることはできない。たとえば、(2)は第 2 次世界大戦の影響、(3)は第 1 次ベビーブームの結果、(5)は第 2 次ベビーブームの結果と想像はできる。しかし、確証を得るには、該当する年の人口ピラミッドや当時の歴史的な出来事を調べなければならない。

　図 2-1 に現れた 1945 年における人口の減少が、図 2-2 において 1945 年と 1950 年の 2 個所に影響を及ぼしていることに注意する。1945 年の変化量は、1945 年の値から 1940 年の値を減じて求められる。1950 年の変化量は、1950 年の値から 1945 年の値を減じて求められる。たとえ 1940 年の値と 1950 年の値が趨勢に沿う場合でも、1945 年の値が趨勢から乖離していれば、その影響によって 1945 年の変化量と 1950 年の変化量は変則的な値になる。このことは当然とも言えるけれども、変化量を見るときに注意したい。

　変化量の変化に注目することもある。その意味を説明するために、まず、**2 階の差分**について説明する。差分とは、ある時点の値からその 1 つ前の時点の値を減じることを指す。一度差分を取れば、(最初の時点を除いて)すべての時点について、その前時点から当該時点にかけての変化量が求まる。これら 1 階の差分について、さらにもう一度差分を取った結果を 2 階の差分と呼ぶ。これは、「一定期間における変化量」の変化量を表す。たとえば、「1925 年から 1930 年までの人口の変化量」(1930 年の変化量)から「1920 年から 1925 年までの人口の変化量」(1925 年の変化量)を減じたものが 2 階の差分となる。したがって、2 階の差分は加速度に相当する。つまり、速度は一定時間における移動距離(変化量)であり、加速度は速度の変化である。加速度が正であれば、増速している状態を表す。逆に、加速度が負であれば、減速している状態を表す。同じように、人口が増えている(1 階の差分が正である)状態でさらに 2 階の差分が正であれば、その時点で人口が尻上がりに増えて

いる状態を表す。逆に、人口が増えている状態でも 2 階の差分が負であれば、人口の増加が頭打ちである状態を表す。そうみれば、 2 階の差分が正から負に変わる時点は、尻上がりの状態から頭打ちの状態へと状況が変化する局面に当たる。 2 階の差分が 0 である時点は**変曲点**と呼ばれる。比較的滑らかな時系列データにおいては、山（ピーク）や谷（ボトム）に先立って変曲点が現れる。したがって、変曲点は趨勢変化の予兆になる。

　図 2-3 は、総人口の 2 階の差分を示す。たとえば、「1925 年から 1930 年までの人口の変化量」から「1920 年から 1925 年までの人口の変化量」を差し引いた値が 1925 年における 2 階の差分として表示されている。差分を 2 度取るため、計算結果の個数は総人口の観察値の個数よりも 2 つ少なくなる。1945 年において 2 階の差分が大きな値となったのは、1940 年から 1945 年にかけて人口が急減した直後、1945 年から 1950 年にかけて急増したことの結果である。その極端な時期以外では、2 階の差分が正であった期間は比較的短く、1975 年以降は負の値（頭打ちの状態）が続き、2010 年には 2 階の差分がさらに減少した（負で、絶対値が大きくなった）。 2 階の差分が正にならなければ変化量（ 1 階の差分）は減少し続けることとなり、人口はさらに減少すると予想される。

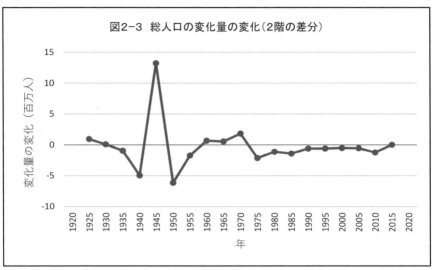

図2-3 総人口の変化量の変化(2階の差分)

注 たとえば、「1930年の変化量－1925年の変化量」を1925年の値と表示している。
資料 総務省統計局「国勢統計」(ただし、1945年の数値は「昭和20年人口調査」にる)

総人口の変化率

　短期的な変化を見るときには、**変化率**も多用される。変化率は、変化量を前時点の値で除して求める。ただし、分母に当たる除数には別の候補もある。たとえば、当該時点の値や、前時点と当該時点の値の平均とすることも考えられる。けれども、本書では、前時点の値を除数として変化率を計算する。

　図2-4は、1925年から2020年までの、日本の総人口の変化率を示す。

図2-4 総人口の変化率

資料 総務省統計局「国勢統計」（ただし、1945 年の数値は「昭和 20 年人口調査」による）

　図 2-4 から、図 2-2 において観察された(1)から(7)に対応した諸点が、変化率でも確認できる。実際、図 2-2 と図 2-4 はほとんど違わないように見える。しかし、細かく見れば違いがある。たとえば、図 2-2 によれば、1920 年から 1940 年における 5 年間隔の人口の変化量よりも、1945 年から 1975 年までの方が大きい。これに対して、図 2-4 によれば、1920 年から 1940 年における 5 年間隔の人口の変化率よりも、1945 年から 1975 年までの方が低い。その理由は、趨勢的な人口増加の結果、1920 年から 1940 年までにおける総人口よりも、1945 年から 1975 年までにおける総人口の方が多かったため、変化量を総人口で除して変化率に直すと、1945 年から 1975 年までの値の方が小さくなるからである。変化率を勢い（伸び率）と解するなら、1945 年より前における人口増加は、それ以後の人口増加よりも勢いがあったと言える。

　変化量と変化率のどちらが有用であるかは、分析目的による。人数に応じて決ま

る事柄、たとえば補助金の総額の変化と比べるのなら、人口の変化量の方が適切だろう。なぜなら、人数に応じて決まるものならば、総人口に対する相対的な大きさよりも、人口の変化量との関係が強いはずだからである。他方、人口の規模が異なる複数の国の人口変化の趨勢を比較したいのならば、人口の変化率を利用するのがよいだろう。なぜなら、人口の多い国ほど人口の変化量も大きいのが普通だから、変化量を人口変化の指標とすると、人口の規模だけで人口変化の大小が決まってしまう。人口の変化率ならば、人口の規模を調整した上で人口の変化の傾向を比較できることになる。

　蛇足ながら、変化率のグラフ（図2-4）を総人口と関連付けるには、総人口のグラフ（図2-1）の縦軸を対数目盛にする。その結果が図2-5に示されている。対数目盛では、同じ変化率が同じ長さで描かれる。したがって、視覚的には、図2-5におけるそれぞれの点の高さから、その左隣の点の高さを差し引けば、図2-4と同じ形になる。ただし、図2-4の縦軸は変化率、図2-5の縦軸は対数目盛なので、縦軸の単位は異なる。

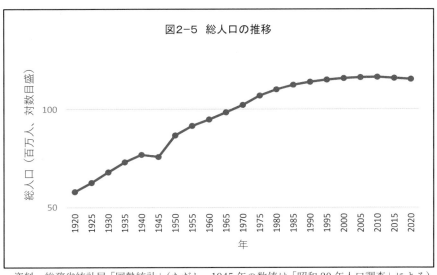

図2-5 総人口の推移

（縦軸）総人口（百万人、対数目盛）

100

50

1920 1925 1930 1935 1940 1945 1950 1955 1960 1965 1970 1975 1980 1985 1990 1995 2000 2005 2010 2015 2020

年

資料　総務省統計局「国勢統計」（ただし、1945 年の数値は「昭和 20 年人口調査」による）

　同じことを別の表現で言い直せば、図 2-5 のグラフの傾斜が変化率を表す。すなわち、図 2-5 において、グラフの右上がりの傾斜が険しいほど増加率（正の変化率）が高いことを表し、それが緩いほど増加率が低いことを表す。ある期間において図 2-5 のグラフの傾きが変わらないことは、その期間において変化率がほぼ一定であることを表す。このことを用いれば、図 2-5 から、1920 年から 1940 年にかけて人口の増加率はほぼ一定であったと言える。そして、1945 年から 1975 年にかけては、それ以前ほどではないものの、増加率が比較的高いままだった。しかし、その後は徐々に増加率が低下して、2010 年から 2020 年にかけては、変化率が負になった。これらの所見は、図 2-4 の様子と一致する。

総人口変化率の年率への換算

　変化量と変化率のどちらにおいても、ある時点から次の時点までの間隔の長さに注意する必要がある。とくに、観測時点の間隔が同じとは限らないような時系列デ

ータについては、公平な比較のために工夫が要る。また、間隔が長すぎると、実感として変化率を捉えにくくなる。このときには、自分で実感しやすい間隔に変化率を調整できる。なかでも、**年率**、すなわち、1 年間の変化率への換算がよく使われる。

変化率を計算する間隔の長さは、以下のように変更できる。たとえば、1920 年から 1925 年にかけての 5 年間の総人口の変化率は 6.7 パーセントの増加（1.067 倍）であった。これを 10 年間の変化率に換算するには、もう 5 年間だけ同じ変化率が継続したと想定して、$1.067^2 = 1.138$ 倍、すなわち、13.8% と計算する。年率への変換は、今の考え方を逆の方向に使う。つまり、**幾何平均**を利用する。幾何平均によって年率を求めると、1.013 倍、すなわち 1.3% となる。これが 10 年間の変化率のときの方法の逆算になることは、$1.013^5 = 1.067$ となることから分かる。もっとも、5 年間の変化率が大きくなければ、5 年間の変化率 6.7 パーセントを 2 倍して 13.4% を 10 年間の変化率の近似値、1/5 倍して 1.3% を年率の近似値としても、正確な換算値とほとんど変わらない。

----------〈コラム：幾何平均〉--

2 つの正の数 a, b の幾何平均は、両者の積の平方根 $\sqrt{ab}$ で定義される。たとえば、2 と 8 の幾何平均は、$2 \times 8 = 16$ の平方根 4 となる。この値は、2 と 8 の算術平均 $(2 + 8)/2 = 5$ より小さくなる。

3 つの正の数 a, b, c の幾何平均は、三者の積の立方根 $\sqrt[3]{abc}$ で定義される。$\sqrt[3]{x}$ は「3 乗すると x になる正の数」を表す記号である。4 つ以上の正の数の幾何平均も同様に定義される。累乗根は、MS Excel などの表計算ソフトウェアでも計算できる。

5 年間の変化率から年率を計算するには幾何平均を利用する。たとえば、5 年間の変化率が 6.7% つまり 1.067 倍であるとき、年率 $100r$ %の変化率が 5 年間継続し

たと仮定すれば、$(1+r)^5 = 1.067$ という関係が成り立つ。累乗根を使って $1+r = \sqrt[5]{1.067}$、 つまり $r = \sqrt[5]{1.067} - 1 = 0.013$ と計算できる。

なお、$(1+r)^5 = 1 + 5r + 10r^2 + 10r^3 + 5r^4 + r^5$ であるから、r の絶対値が小さければ、$10r^2 + 10r^3 + 5r^4 + r^5$ が相対的に小さくなるので、これらの項を無視して $1 + 5r \approx 1.067$ 、つまり $r \approx 0.067/5$ で計算しても結果に大差はない。

————————————————————————————————————-〈コラム終了〉————

出生と死亡、転入と転出

　ある地域の人口は、**自然増減**と**社会増減**によって変化する。自然増減とは、**出生**（しゅっしょう）による人口増加と**死亡**による人口減少との差である。社会増減とは、当該地域への**転入**による人口増加とそこからの**転出**による人口減少との差である。転入と転出を合わせて移動と呼ぶこともある。ある地域における人口の変化は、すべて、出生と死亡、転入と転出に起因する。したがって、これらの特徴を捉えることは、人口の変化を考察する上で重要である。

　ここで、総人口とその4つの変化要因との関係をもう少し正確に整理する。要点は、総人口が時点で捉えられる**ストック**であるのに対して、出生・死亡・転入・転出が期間で捉えられる**フロー**であることにある。人口統計においては、時点概念で捉える総人口を**静態**、期間概念で捉える総人口の変化要因を**動態**と称する。以下では、模式図（図2-6）によって、静態としての総人口が、動態としての出生・死亡、転入・転出とどのように関係するかを説明する。それらの関係は単純ながら、人口統計の中で最も基本的なものである。

図2-6 人口静態と人口動態の関係

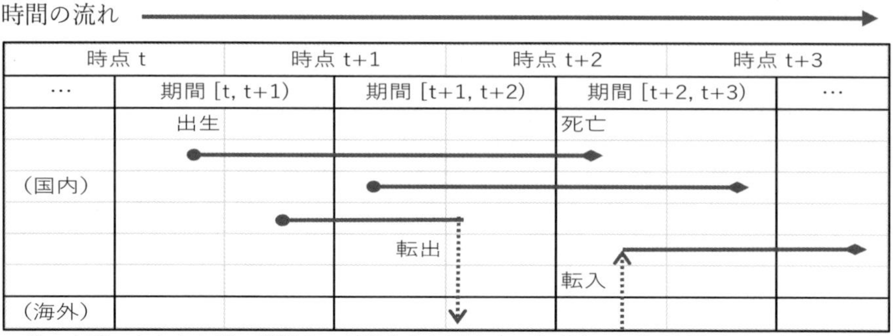

時間の流れ ➡

	時点 t	時点 t+1	時点 t+2	時点 t+3
…	期間 [t, t+1)	期間 [t+1, t+2)	期間 [t+2, t+3)	…
	出生		死亡	
（国内）	●━━━━━━━	●━━━━━━━	━━━━━━━◆	
	●━━━━━━◇		↑ ━━━━━━━◆	
		転出	転入	
（海外）		⬇	↑	

注　左端の丸から右端の菱形までが出生から死亡までを表す。点線は転入または転出を表す。また、[t、t+1) は、時点 t から時点 t+1 の前までの期間を表す。

　図 2-6 は、ある仮想国における静態としての総人口と、動態としての出生などを表す。図 2-6 の左から右へ時間が経過するとする。時点については、たとえば、時点 t が 2000 年 1 月 1 日午前 0 時を、時点 t+1 が 2001 年 1 月 1 日午前 0 時などを表すとする。時点 t から時点 t+1 の前までの期間を [t、t+1) で表す。期間に重複がないことを強調するために、期間開始の記号 [で時点 t が期間内に含まれることを意味し、期間終了の記号) で時点 t+1 が期間に含まれない（それより前が全部含まれる）ことを意味することにする。図 2-6 で「期間」の行よりも下側は、国内における生存者と、海外からの転入ないし海外への転出を表す。左端の丸から右端の菱形までの線分が、ある 1 人の出生から死亡までの生存期間を表す。点線で描かれた矢印は、海外向きなら転出、国内向きなら転入を表す。転出と転入は同一者であってもなくてもよい。

　図 2-6 における時点 t から時点 t+3 までのストックとしての人口静態とフローとしての人口動態は、以下のように記述できる。時点 t における総人口は 0 であった。時点 t から時点 t+1 の前までの期間に出生が 2 つ発生した。両者が時点 t+1 で生存しているので、時点 t+1 における総人口は 2 であった。時点 t+1 から時点 t+2 の前

までの期間に、出生が1つ、海外への転出が1つ発生した。このため、時点 t+2 に
おける総人口は2となった。さらに、時点 t+2 から時点 t+3 の前までの期間に、死
亡が2つ、転入が1つ発生した。その結果、時点 t+3 における総人口は1となった。

この模式図の原理は簡単である。けれども、現実の一国の人口の変化を描写する
ときにもこの模式図はそのまま通用する。

図 2-6 に示されたストックとしての総人口とフローとしての出生などとの関係は、
次式によって簡潔に表せる。

$$総人口_{t+1} = 総人口_t + \left(出生_{[t,t+1]} - 死亡_{[t,t+1]} \right) + \left(転入_{[t,t+1]} - 転出_{[t,t+1]} \right)$$

この式は、**人口変動方程式**と呼ばれる。右辺の第1項を左辺に移項すれば、左辺
は2つの時点における総人口の変化量になる。このことから、この式は、総人口（ス
トック）の変化量がフローであり、自然増減（出生と死亡の差）と社会増減（転入
と転出の差）の和によってそれが求められることを示している。

出生と死亡の推移

まず、**人口動態統計**に基づいて、出生と死亡の時系列的な推移を概観する。
図 2-7 は、1899 年以降の出生数と死亡数、両者の差（自然増減）を示す。これらは、
各年の1月1日から 12 月 31 日までの1年間に発生した件数の推移を表す。人口変
動方程式に合わせて、出生を正、死亡を負、出生から死亡を減じた自然増減を折れ
線で表している。

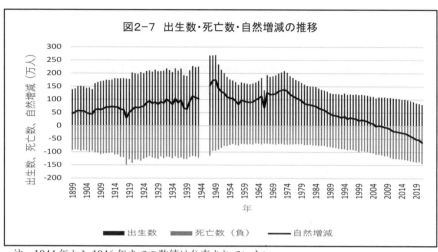

図2-7 出生数・死亡数・自然増減の推移

注　1944年から1946年までの数値は公表されていない。
資料　厚生労働省「人口動態統計」

　図2-7から、以下の流れが読み取れる。1900年ごろは、出生数が約150万、死亡数が約100万、その差約50万が自然増だった。1930年以降1943年までは、上下動はあるものの、出生数が200万強、死亡数が110万弱で、自然増が約100万だった。

　1945年から出生数が3年連続し250万を超えた。この期間中、自然増が150万を超えた。その後、出生数が約150万まで減少したものの、死亡数も減少した。このため、自然増の減少は出生数の減少ほどではなく、100万弱ほどで推移した。1960年ころから出生数が再び増加し始め、1970年代前半に200万を超えた。その一方で、死亡数はほとんど変化しなかった。その結果、この時期の自然増は130万を超え、1973年には約138万に達した。

　1888 年に戸籍法が制定されて登録制度が整備されたのを機に、日本の人口動態統計が作成され始めた。現在は基幹統計の 1 つであり、人口動態調査に基づいて作成される。人口動態調査は、1945 年よりも前は内閣統計局（現総務省統計局）によって実施され、その後は厚生省（現厚生労働省）によって実施されている。集計対象は、日本における日本人である。日本における外国人や外国における日本人は別掲される。

　しかし、1973 年以降、自然増は急速に減少した。その原因は、出生数が減少したことと死亡数が増加したことにある。1973 年から 1980 年代半ばにかけて自然増が減少した主因は、急速な出生数の減少であった。この間、死亡数の増加は微小に留まった。これに対して、1980 年代後半から 2015 年までは、死亡数の急増によって自然増が急減した。2005 年に初めて死亡数が出生数を上回って自然減となり、翌年 1 回だけわずかながら自然増に反転したのを最後に、現在まで自然減の拡大が続いている。

　今述べたことを、差分を利用して確認する。人口変動方程式によれば、ストックとしての総人口の変化量（1 階の差分）が、自然増減と社会増減の和で表される。そうならば、加速度に相当する 2 階の差分は、自然増減の 1 階の差分（自然増減の変化量）と社会増減の 1 階の差分（社会増減の変化量）との和に等しくなる（「コラム：人口変動方程式と 2 階の差分」参照）。自然増減の変化量は、出生数の変化量から死亡数の変化量を減じて求められる。したがって、出生数の変化量と死亡数の変化量の差は、いわば、ストックとしての総人口の変化の加速度のうち、出生数と死亡数によって求められる部分に対応する。

41

--------〈コラム：人口変動方程式と２階の差分〉----------------------

　人口変動方程式において、右辺の総人口を左辺に移項すると、以下の式が得られる。

$$総人口_{t+1} - 総人口_t = \left(出生_{[t,t+1]} - 死亡_{[t,t+1]}\right) + \left(転入_{[t,t+1]} - 転出_{[t,t+1]}\right)$$

つまり、総人口の変化量（左辺）は、自然増減と社会増減の和に等しい。添え字を１時点前倒ししても同じ式が成り立つから、以下の式も成り立つ。

$$総人口_t - 総人口_{t-1} = \left(出生_{[t-1,t]} - 死亡_{[t-1,t]}\right) + \left(転入_{[t-1,t]} - 転出_{[t-1,t]}\right)$$

左辺どうし、右辺どうしで、この式を１つ前の式から引く。式を引き算しても、左辺と右辺とが等しいことは変わらない。したがって、以下の式が導かれる。

$$\left(総人口_{t+1} - 総人口_t\right) - \left(総人口_t - 総人口_{t-1}\right)$$

$$= \left(出生_{[t,t+1]} - 死亡_{[t,t+1]}\right) - \left(出生_{[t-1,t]} - 死亡_{[t-1,t]}\right)$$

$$+ \left(転入_{[1,t+1]} - 転出_{[t,t+1]}\right) - \left(転入_{[t-1,t]} - 転出_{[t-1,t]}\right)$$

$$= \left(出生_{[t,t+1]} - 出生_{[t-1,t]}\right) - \left(死亡_{[t,t+1]} - 死亡_{[t-1,t]}\right)$$

$$+ \left(転入_{[t,t+1]} - 転入_{[t-1,t]}\right) - \left(転出_{[t,t+1]} - 転出_{[t-1,t]}\right)$$

つまり、左辺の総人口の２階の差分（総人口の加速度に相当）は、右辺の自然増減の１階の差分（自然増減の速度に相当）と社会増減の１階の差分（社会増減の速度に相当）の和に等しい。さらに、自然増減の１階の差分は、出生の１階の差分（出生の速度に相当）と死亡の１階の差分（死亡の速度に相当）の差に等しく、社会増減の１階の差分は、転入の１階の差分（転入の速度に相当）と転出の１階の差分（転

出の速度に相当）の差に等しい。このことから、「ストックである総人口の変化」の変化は、フローである出生と死亡、転入と転出の変化に分解できる。

--〈コラム終了〉---------

　図 2-8 は、出生数と死亡数（負）、自然増減の変化量を示す。ここでも、人口変動方程式に合わせて、死亡数を負の数とし、その差分が図 2-8 に示されている。たとえば、1899 年の死亡数は約 93 万、1900 年の死亡数は約 91 万人であったので、図 2-8 における 1899 年から 1900 年にかけての死亡数の変化は、(-91) - (-93) = 2、つまり死亡数の減少分の約 2 万が増加要因として自然増減の変化に加えられる。

　1945 年以前は、出生数・死亡数とも比較的多かった。そのため、それらの変化量の動きもめまぐるしかった。自然増減の変化量は 0 の近辺で上下動している。つまり、自然増減の総人口の変化への貢献が、尻上がりとも頭打ちとも言えない状況が継続していた。このことは、 図 2-1 の所見とも合う。

　1945 年以後の状況は、それ以前よりも安定しているように見える。図 2-8 によれば、1950 年代における自然増減の減少は、主に出生数の減少に起因する。この期間、死亡数はむしろ減少したことが多く、その分が自然増減に正の効果をもたらした。けれども、出生数の減少はそれよりも大きく、総人口が頭打ちとなる主因となった。

図2-8 出生数・死亡数・自然増減の変化量の推移

凡例: ■出生数変化量　■死亡数（負）変化量　—自然増減変化量

注　1944 年から 1946 年までの数値が公表されていないため、変化量の計算から除外した。
資料　厚生労働省「人口動態統計」

1960 年ころから 1970 年代半ばまでは、自然増減の変化が正であることが多かった。その原因は、出生数が増加に転じた一方で、死亡数がほとんど増えなかったことにある。

1973 年から 1990 年代半ばにかけては、自然増減の変化が押しなべて負であった。この期間の前半では、主に出生数の減少によって自然増減の変化が負となった。後半では、出生数が多少持ち直す一方で、死亡数が徐々に増加した。

1990 年代後半は、出生数の変化と死亡数の変化が両方とも正負を行き来する状態が続いたため、自然増減の変化も 0 の近辺で上下動した。

ところが、2001 年以降は状況が異なる。出生数が減少し、死亡数が増加して、どちらも自然減を増加させている。しかも、2016 年以降は出生数が急速に減少してい

るため、自然減も急速に増えている。

出生性比

　1966 年における出生数は、その前後の数十年間における出生数と比較して、際立って少ない。この年においては、出生に関連する他の統計にも通常と異なる様子が現れた。その 1 つとして、出生性比が挙げられる。

　出生性比は、男性の年間出生数を女性の年間出生数で除して 100 倍した値である。いわば、1 年間に生まれた女性 100 人に対して、同じ年に生まれた男性が何人だったかを表した数値である。その値が 100 よりも大きければ、男性の出生数が女性の出生数よりも多かったことを表す。

　図 2-9 は、1899 年以降の出生性比の推移を示す。図 2-9 から明らかなように、日本の出生性比は 100 よりも高い。年ごとに変化があるものの、およそ 104 から 106 の間にあり、近年では 105 強に落ち着いている。他国においても、出生性比は 100 より高く、およそ 105 が標準的な値となる。

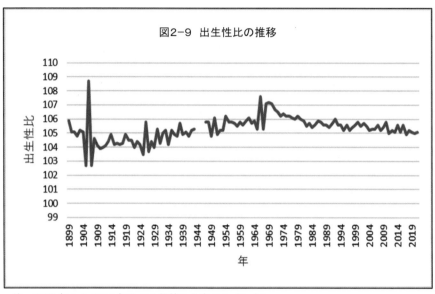

図2-9　出生性比の推移

注　1944年から1946年までの数値は公表されていない。
資料　厚生労働省「人口動態統計」

　図2-9において1966年を見ると、出生性比が107を超えていた。これは、人口動態統計の中で2番目の高さである。さらに、1966年の前後に当たる1965年と1967年の出生性比は、その周辺の年における出生性比と比べて低いように見える。そして、これと類似した現象がより明瞭に1905年から1907年にかけて生じたことも、図2-9から分かる。1906年の出生性比は108を超え、人口動態統計の中で最も高い。

　1906年と1966年には共通点がある。どちらの干支も丙午（ひのえうま）に当たる。丙午に生まれた女性は気性が激しいために夫の寿命を縮めてしまう、という言い伝えがある。そのことが出生に影響を及ぼした可能性が指摘されている。しかし、その迷信が人々の間でどれほど信じられていたか、ましてや、それが出生にどれほどの影響を及ぼしたのかについて、当時の人々の意識を今から調査することはでき

ない。その代わりに、1906年の前後と1966年の前後において、出生に関する統計にどのような変則的な動きが生じたかを確認することは今でもできる。以下は、その試みの1つである。

まず、1901年から1910年までの男女別出生数と男女別出生数変化率を確認する。それぞれ、図2-10と図2-11に示されている。図2-10から、1906年の出生数が1905年よりも若干ながら減少していること、そして1907年の出生数が1906年より増えていることが分かる。

図2-11には、さらに注目すべき特徴がある。すなわち、

(1) 丙午の前々年（1904年）まで、出生数の変化率に男女差はほとんどない、

(2) 丙午の前年には女性の出生数変化率が男性よりも若干高い、

(3) 丙午の年には女性の出生数変化率が男性よりもかなり低い、

(4) 丙午の翌年は女性の出生数変化率が男性よりもかなり高い、

(5) 丙午の翌々年は女性の出生数変化率が男性よりも若干低い、

(6) その次の年からは出生数の変化率に男女差がほとんどない状態に戻る。

これらの現象が生じた理由として、当時の女性の出生の届け出の一部に作為があったという説が有力視されている。すなわち、丙午の年初に生まれた子どもを前年に生まれたものとして届け出た、あるいは、丙午の年末に生まれた子どもを翌年に生まれたものとして届け出た場合があった、というものである。たしかに、これは(1)から(6)までの現象に関する1つの説明となる。なぜなら、本来の出生性比に大きな変化がなければ、出生数の変化率に男女差はほとんどない（(1)と(6)に合致）。けれども、丙午の前年には女性の出生が過多に届け出られた（(2)に合致）。丙午の年にはそれが過少になった（(3)に合致）。丙午の翌年にはそれが再び過多となった（(4)に合致）。その翌年の出生の届け出は正常に戻るものの、変化率計算の分母が過大であることの影響が残った（(5)に合致）。その結果として、丙午の年の出生性比は高く、その前後の年の出生性比は低かった。1906年の出生数が少なめであるこ

ととも辻褄が合う。

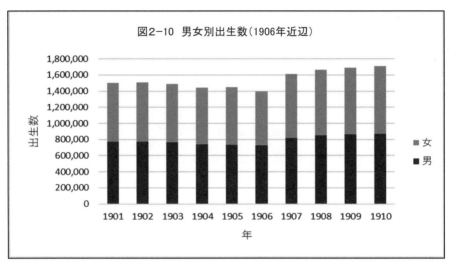

図2-10　男女別出生数（1906年近辺）

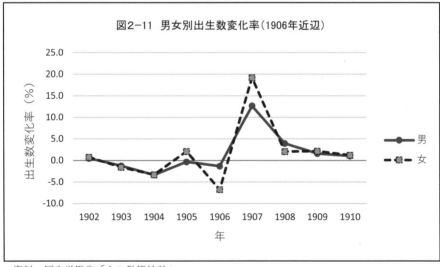

図2-11　男女別出生数変化率（1906年近辺）

資料　厚生労働省「人口動態統計」

次に、1966年近辺の統計を確認する。図2-12と図2-13は、それぞれ、男女別の出生数と出生数変化率を示す。図2-12から、1966年の出生数は、その近辺の年の出生数と比べて著しく少なかった。このことは1906年の場合と異なる。それに対して、図2-13においては男女差がほとんどないように見える。ただし、男女別出生数変化率の数値をつぶさに見ると、60年前ほど顕著ではないものの、1966年の前後の年についても(1)から(6)までの現象が認められる。その結果、1966年における出生性比が高く、その前後の年において低くなった。これらの現象に関する1つの説明は、避妊に関する知識の普及によって出生が抑制されたのと同時に、出生の届け出についても1906年と似たような作為がわずかながらも働いたというものである。

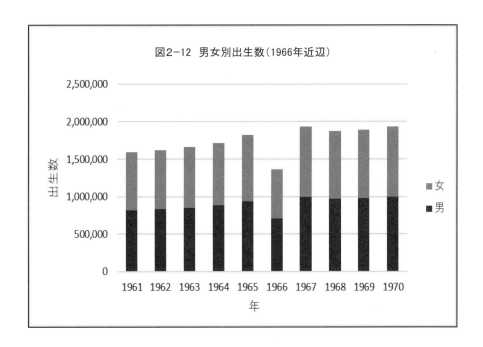

図2-12　男女別出生数（1966年近辺）

図2-13　男女別出生数変化率（1966年近辺）

資料　厚生労働省「人口動態統計」

　丙午に関する言い伝えが人々の行動にそんなにも甚大な影響を及ぼしたことを実感できないと思う人も多いであろう。筆者自身、丙午原因説を大学の講義で初めて聞いたときに、干支にまつわる言い伝えがそこまで大きな影響を実生活に及ぼしたという説明がにわかには信じられなかった。次の丙午は 2026 年にくる。そのときの出生に注目している。

粗死亡率

　次に、自然増減の減少要因である死亡について詳しく調べる。死亡数の推移はすでに概観した（図 2-7）。ここでは、死亡数を粗死亡率と総人口の積として表し、2 つの因子の時系列的な変化を確認することから始める。

　粗死亡率は、人口 1,000 人当たりの死亡数と定義される。すなわち、年間死亡数を人口で除して 1 人当たり死亡数を求め、それを 1,000 倍した値が粗死亡率である。

1,000 倍する理由は数値を見やすくするためである。同じ理由で、種々の死亡率の計算には 1,000 以外の数値が使われることもある。たとえ何倍しようとも、概念としては人口 1 人当たりの死亡数と同類である。粗死亡率を単に死亡率と呼ぶこともある。

　死亡数が 1 月 1 日から 12 月 31 日までの 1 年間における発生件数（フロー）であるのに対し、総人口は一時点における生存数（ストック）である。したがって、どの時点における人口を分母にするかについて、複数の候補がある。たとえば、年間の平均人口や、その近似としての 1 年の中間時点である 7 月 1 日における人口（年央人口）が思い浮かぶ。現行において公表されている粗死亡率では、10 月 1 日時点の人口が使用される。これは、国勢調査の調査日に平仄を合わせたものと解せる。なお、粗死亡率を計算するときの人口には日本人人口が用いられる。

　図 2-14 は、1899 年以降における粗死亡率の推移を示す。この図に描かれた粗死亡率は、そのときどきの人口規模の影響を死亡数から取り除いて得た数値とみなせる。このため、粗死亡率（図 2-14）と死亡数（図 2-7）には、類似点と相違点がある。類似点は、両者とも、1945 年以前の水準が相対的に高く、1945 年以降それが急減した後にしばらく低位に留まり、1980 年ごろから上向きに転じて現在に到る点である。

　相違点は、1945 年から最近まで人口が増加し続けたため、死亡数の様子に比べると、1945 年以前の粗死亡率が 1945 年以降の粗死亡率よりも高位にあることである。たとえば、2020 年の死亡数は 1918 年における最多死亡数に匹敵するほどにまで増加しているけれども、2020 年の粗死亡率は 1918 年の粗死亡率の半分に満たない。これは、現在の日本人人口が約 122 百万であるのに対して、1918 年ころが 60 百万よりも少なかったためである（図 2-1 参照）。

　日本の粗死亡率の推移は、1945 年以前の多死の状態から、1945 年以降の急減・漸減を経て少死の状態に移り、近年それが反転して尻上がり気味に上昇し続けてい

ると要約できる。

図2-14 粗死亡率の推移

注 1944年から1946年までの数値は公表されていない。
資料 厚生労働省「人口動態統計」、総務省統計局「国勢統計」

　粗死亡率の定義式を変形すれば、死亡数が粗死亡率（単位：人口千対）と総人口（単位：千人）の積に等しくなる。すなわち、「死亡数＝粗死亡率×総人口」となる。このことは、定義式の書き換えに過ぎないのだから自明とも言える。しかし、この式は、左辺の死亡数が右辺の2つの因子の大きさによって決まるとも読める。つまり、死亡数は、人口の規模を表す右辺第2因子と、それ以外の要因をまとめた右辺第1因子の積として表せる。右辺第1因子には、男女・年齢などの人口構成や医療技術、衛生状態、経済水準の影響などが反映される。死亡数の変化がこれら2つの因子の変化とどのように結び付くかを調べることは有効な分析になる。

　因子の変化率が小さい場合、**積の変化率**は、因子の変化率の和で近似できる（コラム：「積の変化率」参照）。死亡数に関しては、その変化率が粗死亡率の変化率と

人口の変化率の和にほぼ等しくなる。つまり、死亡数の変化が、粗死亡率の変化と人口の変化に分解される。

　図2-15は、この方法を死亡数（図2-7）と粗死亡率（図2-14）に適用した結果を示す。ただし、人口変化率については、死亡数変化率から粗出生率の変化率を減じて求めた。図2-15の様子は、以下のようにまとめられる。1945年以前において、人口の増加は死亡数を増加させる方向で作用した。しかし、それよりも、粗死亡率に集約されたそれ以外の要因による変化が大きく、死亡数の増加と減少が目まぐるしく入れ替わった。ただし、1915年付近で粗死亡率の上昇が比較的長く続いて、死亡数の水準が増加した。総じて、1945年以前においては、趨勢よりも短期的な変動が目立った。

　1945年以降は、むしろ趨勢の方が短期的な変動に勝った。1947年から1950年代半ばごろまでは、人口の増加が死亡数を増加させる方向で作用したものの、粗死亡率の低下の効果がそれを上回り、死亡数が減少した。1950年代半ばから1980年代の前半まで、人口増加の勢いが鈍化したことにより、それが死亡数増加に及ぼす力が弱まった一方で、粗死亡率の低下による死亡数減少の効果も弱まり、両者が拮抗して死亡数がほとんど変化しない状態が続いた。1980年代後半からは、人口増加の影響はさらに弱まったものの、高齢化のために粗死亡率が継続的に上昇して、結果的に死亡数が増加している。

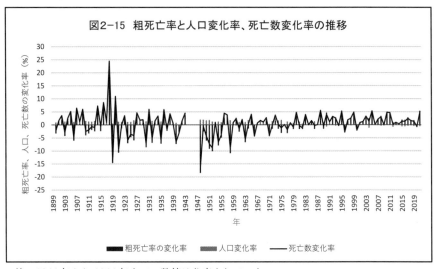

図2-15 粗死亡率と人口変化率、死亡数変化率の推移

縦軸: 粗死亡率、人口、死亡数の変化率 (%)
横軸: 年

凡例: ■粗死亡率の変化率　■人口変化率　―死亡数変化率

注　1944年から1946年までの数値は公表されていない。
資料　厚生労働省「人口動態統計」、総務省統計局「国勢統計」

----------〈コラム：積の変化率〉--------------------------------------

　ある年の死亡数Aを、その年の粗死亡率Bと人口Cの積で表す。すなわち、$A=BC$ が成り立つとする。翌年、死亡数が $A+a$ に変化し、粗死亡率と人口がそれぞれ $B+b$ と $C+c$ に変化したとする。すなわち、$A+a = (B+b)(C+c)=BC+bC+Bc+bc$ が成り立つとする（図2-16参照）。$A=BC$ であるから、$a=bC+Bc+bc$ が成り立つ。この式の両辺を $A(=BC)$ で除すと、$a/A=(b/B)+(c/C)+ (b/B)(c/C)$ が成り立つ。つまり、Aの変化率（左辺）は、Bの変化率（右辺第1項）、Cの変化率（右辺第2項）、Bの変化率とCの変化率の積（右辺第3項）の3つの和と等しくなる。右辺の第3項は、第1項や第2項と比べるとずっと小さい。たとえば、第1項が8%、第2項が7%であるとすると、第3項は0.56%となる。第3項を無視すれば、Aの変化率が、因子であるBの変化率とCの変化率の和で近似できる。

図2-16 積の変化量と因子の変化量との関係

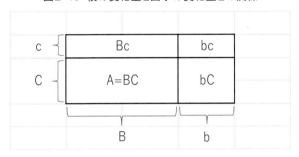

積の代わりに比 C=A/B を考えても、A と B、C の関係が変わらないのだから、C の変化率は A の変化率から B の変化率を減じて近似される。

――――――――――――――――――――――――――――――――――＜コラム終了＞―――――

なお、2020 年の死亡数は 2019 年の約 138 万人から約 137 万人に減少した。新型コロナウィルス感染症が拡大した 2020 年において死亡数が減少したことは不思議に思える。しかし、2022 年の死亡数は約 144 万人で、1945 年以降で最多となった。

粗死亡率に影響を及ぼす要因は、人口の構成（男女・年齢などの構成）や、衛生・医療面の条件、所得水準などである。とりわけ、男女・年齢の構成は粗死亡率に直接的な影響を及ぼす。図 2-17a は、2021 年における、男女・年齢階級別の粗死亡率を示す。死亡率は人口 10 万対とし、縦軸は対数目盛で表示されている。

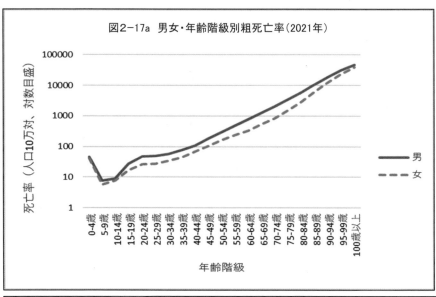

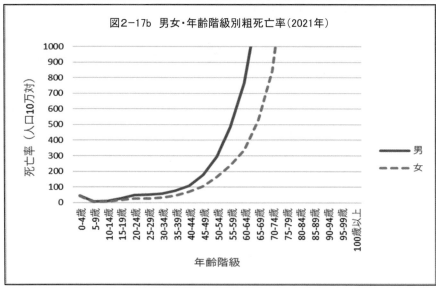

資料　厚生労働省「人口動態統計」2021 年調査

図 2-17a から、男女とも、0-4 歳階級から 5-9 歳階級にかけていったん粗死亡率が低下し、15-19 歳階級以降は粗死亡率の対数値がほぼ直線的に上昇することが分かる。0-4 歳階級の中では、0 歳の粗死亡率が最も高く、2 歳の粗死亡率はそれよりもかなり低くなり、3 歳、4 歳と進むにつれて粗死亡率が低下する。最も粗死亡率の低い年齢階級は、男女とも、5-9 歳階級である（表 2-1 参照）。粗死亡率の縦軸を通常の目盛りにすると、年齢別粗死亡率は、0-4 歳階級から 45-49 歳階級まで比較的なだらかで、そこから尻上がりに上昇する曲線に見える（図 2-17b）。

表2-1　男女年齢別粗死亡率

（単位：人口 10 万対）

男女	年齢または年齢階級						
	0歳	1歳	2歳	3歳	4歳	5〜9歳	10〜14歳
男	185.7	26.1	15.7	9.5	8.9	5.9	9.0
女	173.6	18.7	9.1	9.8	6.4	6.3	6.9

資料　厚生労働省「人口動態統計」2020 年調査

図 2-17a から、すべての年齢階級において、男性の粗死亡率が女性の粗死亡率よりも高いことが分かる。このため、出生時に約 105 である**人口性比**、すなわち、当該集団における男性の数を女性の数で除して 100 を掛けた数値は、年齢が高くなるにつれて低下する。図 2-18 によれば、2020 年の国勢統計において、年齢階級別の人口性比が 100 となるのは 50-54 歳の年齢階級である。

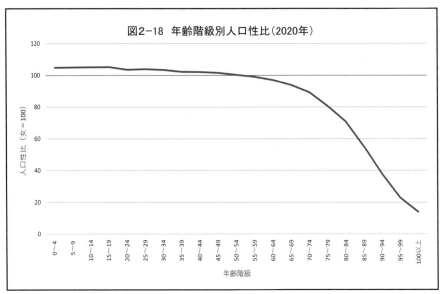

図2-18　年齢階級別人口性比（2020年）

資料　総務省統計局「国勢統計」2020 年調査

　粗死亡率への衛生・医療面の条件、所得水準などの影響を調べるために、年齢階
級別粗死亡率の時系列的な変化を確認する。図 2-19 は、1950 年以降における年齢
階級別粗死亡率の時系列的な変化を示す。その変化が、たとえば、どのような治療
方法の革新によってもたらされたのかを正確に指摘することは難しい。しかし、経
済発展とともに治療方法などの条件が改善されるはずだから、図 2-19 に現れた曲線
の年次間の移動は、死亡に影響する衛生・医療、経済などの変化に起因すると見て
いいだろう。それらの要因は、全年齢階級において粗死亡率を低下させた。とくに、
0-4 歳階級を始めとした年少人口の粗死亡率が急速に低下したことが、図 2-19 から
読み取れる。なお、図 2-19 において、2000 年から 2021 年までの間隔が、他の間隔
よりも 4 年（16%）短いことに注意する。

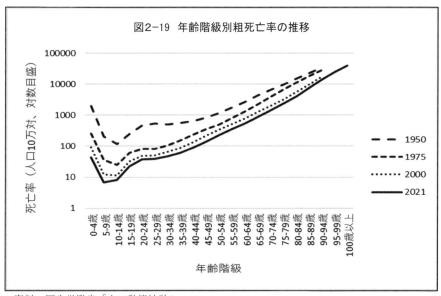

図2-19 年齢階級別粗死亡率の推移

資料　厚生労働省「人口動態統計」

　図2-17aと図2-19から、1945年以降の粗死亡率の推移（図2-14）について、次のようにまとめることができる。1945年直後に粗死亡率が急低下した主因は、衛生・医療・経済面の条件の改善にあった。とくに、年少人口における死亡率の急低下とベビーブームとの組み合わせによって社会全体の粗死亡率が低下した。[1]　しかし、出生数の減少とともに、人口全体に占める高齢者の割合が高くなった。一方で、高齢人口における粗死亡率の低下のペースは年少人口よりも緩慢であった（図2-19）。高齢者の粗死亡率の低下を上回るスピードで高齢者の人口構成比が高くなったため、近年では人口全体の粗死亡率が上昇している。

転入と転出の推移

　次に、転入と転出による社会増減を概観する。その前に、人口動態統計における転入・転出の捕捉範囲ないし定義を明確にする必要がある。このことは、人口静態

統計つまり国勢統計における総人口の定義に関わる。

　国勢調査の対象は、国内に常住する者とされる。常住する者とは、当該住居に3か月以上にわたって住んでいる者か、または、住むことになっている者を指す。この条件を満たさなければ調査対象とはならず、国勢統計における常住人口として勘定されない。人口変動方程式によって推計される総務省の**人口推計**における総人口は、国勢統計における常住人口に合わせて定義される。したがって、同じ式における転入・転出も常住者の定義に沿って定められる。実際、人口推計においては、法務省出入国在留管理庁の出入国管理統計における入国者数・出国者数を、滞在期間に応じて調整した数値が社会増減の推計に用いられる。

----------〈コラム：人口推計〉--------------------------------------

　人口推計は、国勢調査が実施されない各月・各年の人口の状態を把握することを目的に、総務省統計局が推計する人口静態を指す。西暦の末尾が0または5の年の10月1日を調査日とする国勢調査の結果を土台として、人口変動方程式に基づき、人口動態統計などを利用して毎月1日現在の人口が推計される。人口推計は基幹統計の1つである。

　なお、似たような名称の**将来推計人口**は、国立社会保障・人口問題研究所が公表する将来の人口に関する予測結果を指す。これは、出生、死亡などに関する想定に基づく予測であり、その推計方法は人口推計の推計方法と異なる。将来推計人口の英語名称は population projections、人口推計の英語名称は population estimates である。英語名称では、両者の推計方法に違いのあることが字面から伝わる。

--〈コラム終了〉---------

　図2-20は、人口推計による1951年以降の社会増減の推移を示す。ただし、図2-20には人口推計による社会増減が表示されていない年もある。不足する部分を

補足するために、出入国管理統計における入国者数と出国者数の差（入国超過）も図 2-20 に示されている。年次の出入国管理統計による当該年の 1 月 1 日から 12 月 31 日までの入国超過と、2008 年以降については、人口推計による社会増減の集計期間である前年の 10 月 1 日から当該年の 9 月 30 日までの入国超過を月次の統計から試算した入国超過が示されている。どちらも、滞在期間を考慮した正確な集計とは異なる。さらに、年次の統計については集計期間が 3 か月ずれている。けれども、図 2-20 から判断して、1985 年よりも前については、もともとの入国超過が少なかったために、人口推計と補足用の統計の乖離は小さいと期待できる。また、2000 年以降についても、人口推計と補足用の統計とに水準の違いはあるものの、両者の変化の方向は似通っている。このことから、社会増減の趨勢を概観する上で、出入国管理統計における入国超過は補足用の統計として役立つだろう。

　従来、自然増減に比べて社会増減の規模は小さかった。たしかに、1980 年代前半までは、社会増減が絶対値で 2 万未満の年がほとんどであった。しかし、1990 年以降、社会増減の変動はそれ以前よりも大きくなった。他方で、1973 年以降、自然増減は継続的に減少している。今や、社会増減は無視できない影響を総人口に及ぼしている。実際、2019 年の人口推計における自然減は約 48 万、社会増は約 21 万だった。

　しかも、自然増減の変化が比較的緩慢であるのに対して、社会増減の変化は急激である。その理由は、経済情勢や自然災害などの影響を受けやすいからである。図 2-20 からも分かるとおり、新型コロナウィルス感染症拡大防止のために出入国が制限された結果、2020 年以降、出国者数と入国者数の両方が急減して、2021 年には社会減が約 3.5 万人となった。大きく変動する社会増減の予測は、人口の将来予測における重要な課題である。

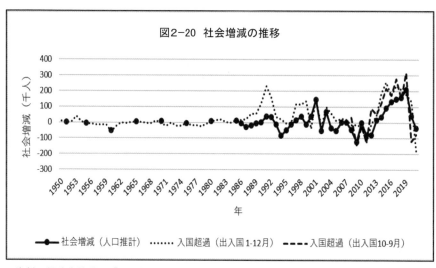

図2-20 社会増減の推移

資料　総務省統計局「人口推計」、法務省出入国在留管理庁「出入国管理統計」、
　　　国立社会保障・人口問題研究所「人口統計資料集」（2003年版、2022年版）

第2章のまとめ

　この章では、ストックとしての総人口の時系列的な変化を概観した。その内容を
以下に要約する。1920年からつい最近になるまで、総人口は増加した。しかし、1945
年以後、増加のスピードが漸減して総人口の増加が頭打ちとなり、2015年に日本の
総人口は減少した。人口の変化要因である出生と死亡を見たところ、1945年以後、
第1次ベビーブームと第2次ベビーブームの近辺の期間において出生が増えたもの
の、それ以外の時期では出生数が減少した。とくに近年における出生数の減少が著
しい。他方、死亡数は、1950年代に若干減少したものの、その後横ばいとなり、1980
年ごろから徐々に増加した。その理由は、衛生や医療の技術進歩や所得水準の上昇
よりも早く人口の高齢化が進行していることにある。出生数と死亡数におけるこれ
らの変化は、総人口の変化の方向と一致する。また、これまでよりも、社会増減の
規模が大きくなり、かつ、その動きが激しいことが観察できた。

統計手法の観点からは、本章では時系列データの基本的な分析手法を利用した。時系列データをそのまま線グラフにしてデータの長期的な趨勢を捉え、変化量や変化率を計算して線グラフに表すことで短期的な変化を調べ、2階の差分を取ることで「変化の変化」にも注目した。

　さらに、死亡数が粗死亡率と総人口の積で表せることを利用して、死亡数の変化率を粗死亡率の変化率と総人口の変化率の和で近似して、死亡数の変化率の推移が粗死亡率の変化率の推移と総人口の変化率の推移に分けられることも見た。単なる定義式の書き換えではあるけれども、粗死亡率と総人口がそれぞれ異なる意味を持つことから、死亡数の変化に2つの側面から接近することができた。これは、複雑な分析対象（死亡数）を性質の異なるより簡明な要因（粗死亡率と総人口）の積などに書き換えて考察を進める一例である。このような分解は時系列データの分析でよく使われる。

　データ分析の視点からもうひとつ大切な点は、ストックとフローとの区別である。本章では、人口静態（ストック）と人口動態（フロー）が特定の関係を持つ（人口変動方程式）ことを利用して、人口静態の変化を人口動態の変化から調べることができた。ストックとフローの区別は人口統計以外の分野にも現れる。

注
1) 河野(2007) 27 ページ参照。

第3章 労働力としての人口

　第2章では、これまでの日本の人口の大きさの変化を、出生や死亡、移動の側面から概観した。出生や死亡、移動によって集団の成員数が変化することは、人間以外の動物にも共通する。それに対して、生活のために働いて、稼得した所得によって生活を営むことは、人間を他の動物から区別する特徴の1つだと言える。

　第3章では、労働力という観点から日本の人口を概観する。

労働力人口

　生産活動に参加する労働力として人口を捉えるためには、そもそも労働力とは何かを定めなければならない。年齢のように客観的に定義できる項目と異なり、労働力の定義にはある種の判断を要する。以下では、総務省の**労働力統計**における定義に基づいて 1954 年以降における労働力の推移を確認する。

　最初に、基本集計と呼ばれる集計結果における就業状態に関する区分をおおまかに説明する。用語を先に述べ、その定義を後から説明する。労働力統計を作成するために実施される労働力調査の調査対象範囲は、日本に居住する全人口である。このうち、就業状態については、義務教育を終えた年齢層に当たる 15 歳以上の人口が対象となる。15 歳以上の人口は、**労働力人口**と**非労働力人口**に分かれる。労働力人口は、**就業者**と**完全失業者**に区分される。就業者は、**従業者**と**休業者**に区分される。

　従業者とは、調査が実施された週（調査週間）のうちに収入を伴う仕事を 1 時間以上した者である。休業者とは、調査週間中に仕事を持ちながらも仕事をせず、会社などに雇われていて給与・賃金を支払われている者や、自営業主で事業を継続しつつも短期間仕事をしていない者である。完全失業者とは、調査期間中に失業していた者である。その詳しい定義は後述する。非労働力人口は 15 歳以上の人口のうちの労働力人口以外の人口を指す。図 3-1 は、2022 年 9 月調査における就業状態別 15

歳以上の人口を示す。調査週間における 15 歳以上の人口が 1 億 1033 万人、従業者が 6572 万人、休業者が 194 万人、完全失業者が 187 万人、非労働力人口が 4071 万人であった。

図3-1　就業状態による人口の区分（2022年9月）

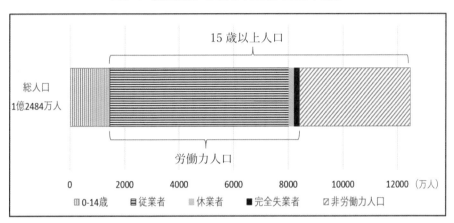

資料　総務省「労働力統計」2022 年 9 月調査、総務省「人口推計」2022 年 10 月 1 日人口

----------〈コラム：労働力統計〉---------------------------------

　労働力統計は、日本における就業・不就業の状態を明らかにすることを目的とした基幹統計である。総務省統計局が実施する労働力調査に基づいて作成される。労働力調査は月次（げつじ）で実施され、毎月の末日に終わる 1 週間を調査週間とする。毎月、約 4 万世帯の世帯員が調査対象となり、約 10 万人の 15 歳以上の人口の就業状態が把握される。その調査結果が、国勢統計などを利用しながら集計される。基本集計の中の全国に関する集計結果は、原則として、調査月の翌月末に公表される。

--〈コラム終了〉---------

就業状態の定義は、何をもって従業者とみなすのか、などの見方に基づいて決まる。その中で議論の多いのが完全失業者の定義である。労働力調査における完全失業者は、以下の3条件を満たす者と定義される。

　　1　仕事がなくて調査週間中に少しも仕事をしなかった。

　　2　仕事があればすぐ就くことができる。

　　3　調査週間中に、仕事を探す活動や事業を始める準備をしていた。

ここで仕事とは、収入を伴う仕事を指す。条件1は、就業者でないことを意味する。条件2は、仕事に就くことの必要性が高いことを意味する。条件3は、実際に職を探していることを要し、条件2と同じく、仕事に就くことの必要性が高いことを意味している。なお、過去の求職活動の結果を待っている者も完全失業者に含められる。

　完全失業者の定義が失業の一側面を捉えていることは間違いない。しかし、必ずしも失業のすべての側面を捉えていないとの異論はありうる。たとえば、調査週間中、定職に就くべく求職活動を続けながら、生活のためにアルバイトで臨時の収入を得た者は就業者に分類される。あるいは、調査週間の直前まで長期にわたって求職していたけれども、経過が思わしくなかったために調査週間中に求職を中断していた者は非労働力人口に分類される。このような人たちを失業者に含めるべきだという意見に賛成する人は少なくないだろう。そのような異論が出る理由は、何をもって失業者とみなすかについての見解が一致しにくいことと、たとえその見解が同じであっても、失業を実際に調査で把握するときの判断基準が一意的に定めにくいことにある。

　統計調査における調査項目の定義は明確でなければならない。ここで明確とは、複数の調査対象者が調査項目について同じ条件を満たしていれば、調査結果も同じにならなければならないことを指す。そのような統計調査上の定義を**操作的な定義**と呼ぶ。たとえば、日本における失業者の数を勘定するときに、単に「失業してい

る人」という規定だけで調査したとすると、同一条件を満たすにもかかわらず、ある人が失業者に分類され、別の人がそうならないということが起きかねない。これでは、失業者の意味が不明になり、集計結果が統計として利用できなくなる。そのような事態を避けるためには、失業の概念を規定し、それに基づいた明確な定義が必要になる。先の3条件は、労働力調査における失業の定義を明確化した結果とも言える。

　ある種の判断に基づいて決められた操作的な定義には、何らかの弱点がある場合が多い。操作的な定義を決めることは、曖昧な概念にあえて線引きすることに等しい。このため、境界線の周辺では疑問が生じやすい。たとえば、完全失業者の条件3において、求職活動の有無を調査する期間の長さを1週間とすることについて、10日間よりも適切であるとする完全無欠の根拠を示すのは困難である。しかし、意味のある統計を作成するためには、調査項目に関する明確な定義が必要である。統計利用者としては、調査項目の定義を確認し、その定義に沿って分析することが肝要である。

　なお、労働力統計では、2018年から、詳細集計において従来よりも広範な就業区分による結果も公表されている。それについては、総務省統計局のウェブサイトを参照されたい。[1]

男女・就業状態別15歳以上の人口の推移

　図3-2は、男女・就業状態別15歳以上の人口の推移を示す。人口ピラミッドに似せて、男性の就業状態別15歳以上の人口が中央から左に、女性が中央から右に横棒グラフで示されている。従業者と休業者は就業者にまとめられている。男性の就業者は、1950年代半ばにおける約2400万人から増加し続けて、1990年代後半には3800万人を超えた。しかし、それ以降は減少して2013年には約3620万人となった。けれども、そこから緩やかに増加に転じて、2019年には3733万人に戻った。

その後は若干減少して、2021年には3687万人だった。

　女性の就業者は男性よりも少ない。1950年代半ばには約1600万人であった。そこから増加して1970年に約2000万人に達したものの、1970年代の後半まで就業者の増加がいったん停滞した。そこから1990年ごろまで増加して約2600万人まで増えた。しかし、その後は2010年ごろまで就業者数がほぼ一定に留まった。2010年代前半から再び増加し始め、2019年には2992万人となった。その後、若干減少して2021年には2980万人となった。

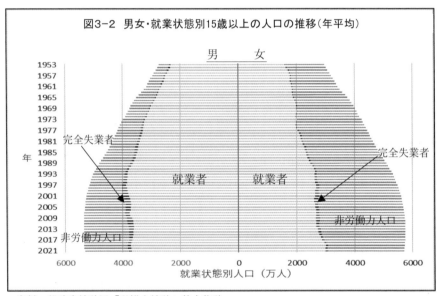

資料　総務省統計局「労働力統計」基本集計

　就業者数の変化は景気の動きを反映する。たとえば、1973年に発生した第1次石油危機の時期や、1990年半ばからの長期にわたるデフレーションの時期には就業者の増加が停滞した。逆に、高度成長期に当たる1950年代と1960年代、好景気と言われた1980年代後半には就業者が増加した。景気と雇用が連動するのだから、好不

況に就業者の増減が呼応するのは自然だろう。非労働力人口は、就業者と反対の方向に変化する。つまり、好況時に減少しやすく、不況時に増加しやすい。とくに、厳しい不況のときは、職探しを断念して非労働力人口と分類される人が多くなる。2020年と2021年には、新型コロナウィルス感染症拡大防止のために生産活動が制限された影響もあったと思われる。

完全失業者数の推移

　完全失業者数には、景気の変化が鮮明に現れる。図3-3は、男女別完全失業者数の推移を示す。1950年代においては、高度成長がまだ本格的な軌道に乗らず、就業者が増加しつつも完全失業者が約100万人いた。高度成長が本格化した1960年代には完全失業者が約60万人になった。ところが、第1次石油危機の影響が雇用に及んだ1970年代後半には約100万人に完全失業者が増えた。1980年からさらに増加して、1983年に約150万人を超えた。このころは、第2次石油危機発生直後に当たる。2度目の石油危機の方が雇用面へ及ぼした影響は大きかったと見える。1980年代後半には完全失業者数が減少した。このころはバブル景気と言われた時期に当たる。その好景気が長期不況に反転した後、完全失業者数は急増した。1995年ごろに200万人を超え、2000年の前に300万人を超えた。2002年には350万人を超えた。その後、いざなみ景気と呼ばれた長期の景気回復期に約250万人まで完全失業者が減少した。しかし、リーマン・ブラザーズ・ホールディングスの破綻に伴う世界的な不況（通称リーマンショック）のために、1年を経ずに完全失業者が300万人を超えるまでに増加した。その後、完全失業者は急速に減少して、2019年には約160万人になった。2020年には、新型コロナウィルス感染症が経済活動等に及ぼした影響によって、完全失業者が約190万人に増加した。2021年もほぼ同数の完全失業者数となった。

図3-3　男女別完全失業者数の推移（年平均）

資料　総務省統計局「労働力統計」基本集計

労働力人口比率

　労働力人口比率と就業率、完全失業率は頻繁に参照される比率である。これらの比率は分数である。これらの比率を正確に使うためには、何が分子で何が分母であるかを正しく知る必要がある。これらの比率の名称は分子に使われる統計に由来する。分母に使われる統計は比率の名称から判断できない。したがって、分母が何かを覚える必要がある。

　労働力人口比率の分子は労働力人口、分母は 15 歳以上の人口である。この比率は、生産活動に参加できる 15 歳以上の人口のうち、実際に労働力として生産活動に参加している者と、参加すべく求職している者の和が占める割合である。労働力人口は就業者と完全失業者の合計である。したがって、労働力人口比率とは、15 歳以上の人口のうち、就業者と完全失業者が占める割合と言い換えてもよい。15 歳以上の人口を男女や年齢などで細分して、細分化された 15 歳以上の人口の中で労働力人口比率が計算されることも多い。労働力人口比率は労働力率とも呼ばれる。

　図 3-4 は男女別労働力人口比率の推移を示す。男性の労働力人口比率は低下し続

けていた。1953年において約87%であった男性の労働力人口比率は、2010年代前半に70%強まで低下した。2010年代後半に若干上昇して、2021年には71.3%となった。

女性の労働力人口比率の推移は男性よりも上下動が大きい。1950年代半ばごろに60%弱であった女性の労働力人口比率は、男性と同じように下がり続け、1975年には46%弱にまで低下した。しかし、その後から上昇し始めて1990年には50%を超えた。1998年までは50%強のままでほとんど変化しなかった。1999年からの3年間は微減したものの、2002年から2012年までの10年間は48.5%の近辺で推移した。2013年から、女性の労働力人口比率は男性よりも早いペースで上昇して、2021年には53.5%に達した。

1953年においては労働力人口比率の男女差は約32ポイントであった。2021年にはそれが約18ポイントにまで縮小している。おおまかに言えば、男性の労働力人口比率が低下を続けた一方で、女性の労働力人口比率は上下動し続けて、現時点で1960年ごろの水準に戻った。

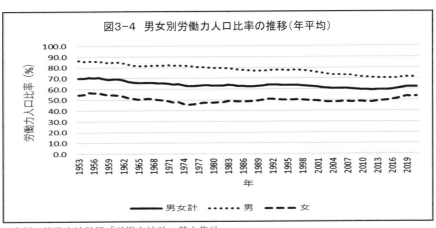

図3-4　男女別労働力人口比率の推移（年平均）

資料　総務省統計局「労働力統計」基本集計

71

労働力人口は、労働力人口比率と 15 歳以上の人口の積である。このことから、労働人口の変化率は、労働力人口比率の変化率と 15 歳以上の人口の変化率の和で近似できる（コラム：「積の変化率」参照）。すなわち、「労働力人口の変化率＝労働力人口比率の変化率＋15 歳以上の人口の変化率」が近似的に成り立つ。この式を用いて、労働力人口の変化を、15 歳以上の人口の変化による部分と、それ以外の変化による部分とに分けて、両者の推移を確認する。

　図 3-5 と図 3-6 は、それぞれ、男性と女性の労働力人口の変化率の分解を示す。図 3-5 から、男性の労働力人口の変化について、1950 年代前半から 1990 年代前半までは 15 歳以上の人口の変化率が労働力人口比率の変化率よりも優勢であったことが分かる。具体的には、1950 年代前半から 1960 年代後半までは男性の労働人口の変化率が年率約 2%、1970 年代前半から 1990 年代前半までは年率約 1%であり、そのほとんどが 15 歳以上の人口の増加の結果であった。ところが、1990 年代後半からは、15 歳以上の人口がほとんど増加せず、労働力人口の変化はもっぱら労働力人口比率の変化に左右されるようになった。男性の労働力人口比率が長期的に低下傾向にあるため、1990 年代後半からは労働力人口が減少することが多かった。例外的に、2007 年近辺と 2018 年とで労働力人口が増えたけれども、長続きせずに減少に転じた。

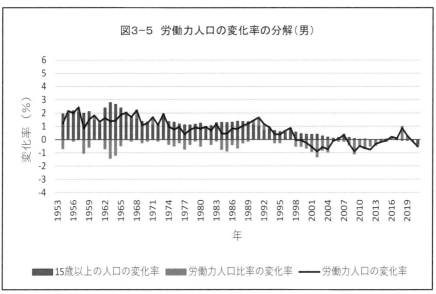

図3-5 労働力人口の変化率の分解（男）

凡例: 15歳以上の人口の変化率　労働力人口比率の変化率　労働力人口の変化率

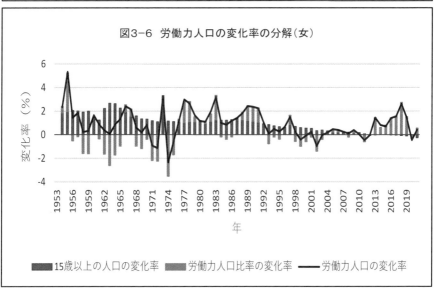

図3-6 労働力人口の変化率の分解（女）

凡例: 15歳以上の人口の変化率　労働力人口比率の変化率　労働力人口の変化率

資料　総務省統計局「労働力統計」基本集計

女性の労働力人口比率の変化は男性に比べて起伏が激しい。そのため、それが労働力人口の変化に反映される割合が男性の場合よりも大きい。図 3-6 によれば、女性の 15 歳以上の人口の変化率は男性とほとんど同じであった。一方で、女性の労働力人口比率の上下動が激しいために、女性の労働力人口の変化は男性に比べて変化が大きかった。たとえば、1950 年代後半から 1960 年代後半まで、15 歳以上の人口の増加率は年率約 2%であったけれども、女性の労働力人口比率の低下が男性よりも大きかったため、労働力人口の増加は年率 2%に満たないことが多かった。1970年代には、15 歳以上の人口は年率約 1%で増加したものの、労働力人口比率の低下がそれよりも大きかったため、労働力人口が減少することもしばしばだった。1970年代後半から 1990 年代前半までは、15 歳以上の人口は年率約 1%の増加に留まっていたけれども、労働力人口比率の上昇によって、労働力人口の増加が年率 2%を超えることも多かった。2000 年ごろから 2010 年代前半まで、15 歳以上の人口の増加はいっそう鈍化し、再び始まった労働力人口比率の低下と拮抗して、労働力人口は細かく増減を繰り返した。最近数年間は、労働力人口比率が再び上昇して、労働力人口を増加させている。ただし、2021 年には労働力人口が減少した。

就業率は、労働力人口比率と類似の比率である。その分子は就業者数、分母は 15歳以上の人口である。すなわち、15 歳以上の人口のうち、就業している者の割合が就業率である。労働力人口比率との違いは、分子に完全失業者が含まれないことにある。なお、就業率の推移を図に表すと、見かけ上、労働力人口比率の推移とあまり変わらないため、ここでは図を提示せず、定義を述べるに留める。

完全失業率

完全失業率の分子は完全失業者数、分母は労働力人口である。完全失業率は、実際に就業している者（就業者）と就業すべく求職している者（完全失業者）のうち、後者の占める割合とも言える。労働力人口比率や就業率と分母が異なることに注意

する。たとえば、完全失業率と就業率の和は労働力人口比率に等しくない。そもそも両者を足すことに意味がない。なぜなら、完全失業率の分母が、就業率や労働力人口比率の分母と異なるからである。また、非労働力人口は、完全失業率の分子にも分母にも勘定されない。したがって、就業の意思を持ちつつも完全失業者の3条件を満たさない者の数は、完全失業率の計算に現れない。

　完全失業者数と同じように、完全失業率の推移には景気の影響が鮮明に現れる。完全失業者数との違いは、労働力人口の規模との相対比で失業の程度が測られることである。たとえば、完全失業者数が200万人で労働力人口が5000万人の場合と、前者が同じく200万人で後者が6000万人の場合とでは、完全失業率がそれぞれ4%、3.3%となる。いわば、労働力人口との相対比とすることによって、労働力人口の規模を調整して失業の深刻度を表した指標が完全失業率である。

　図3-7は、男女別完全失業率の推移を示す。その社会・経済的な背景については、完全失業者数の推移（図3-3）に沿ってすでに述べた。そのため、ここでは、完全失業率の変化だけを素描する。1950年代の完全失業率は2%強であった。1960年ごろから1970年代半ばまでは日本の完全失業率が最も低かった時期で、当時の完全失業率は1%強であった。その後、1970年代後半には2%強、1980年代半ばには3%弱に完全失業率が上昇した。この数値はそれまでの最高水準に当たる。1980年代後半に約2%に低下した後、1990年代前半から完全失業率が急上昇した。2001年から2003年には5%を超え、1953年以降の最高水準となった。それ以降は、いったん約4%まで低下してから2009年と2010年に再度5%を超え、その後は低下が続いて2019年に2.4%になった。ただし、2020年と2021年には2.8%に上昇した。

図3-7 男女別完全失業率の推移（年平均）

資料　総務省統計局「労働力統計」基本集計

　完全失業者数に比べると、完全失業率の男女差は小さい。これは、女性の労働力人口が少ないために、比率にすると男女差が縮小するためである。それでも、全体的に見て、男性の完全失業率が女性よりも高めであることが図3-7から読み取れる。男女別完全失業率の変化の方向に関しては、細かい違いはあるものの、男女ともほぼ同じ方向に動いているように見える。

　男女計の完全失業率が男性の完全失業率に近い理由は、男女の労働力人口の大小による。男女計の完全失業率は、男女別の労働力人口の構成比を重みとした、男女別完全失業率の加重平均になる。労働力人口における男性の構成比が高いほど、男女計の完全失業率が男性に近くなる。近年は、女性の労働力人口が男性に近づいてきたため、以前よりも、男女計の完全失業率が女性の完全失業率に近づいている。

男女・年齢階級別労働力人口比率の推移

　労働力人口比率は、男女の別だけでなく、年齢によっても異なる。図3-8と

図3-9は、それぞれ、男性の年齢階級別労働力人口比率の推移と女性のそれを示す。男性の年齢階級別労働力人口比率は、15-19歳から20-24歳にかけて上昇して、25-29歳で100%近くになり、そこから50-54歳までほとんど変化なく、55-59歳から低下する。

　同時に、次のような時系列的な変化も観察できる。15-19歳と20-24歳の労働力人口比率は低下している。おそらく、大学進学率の上昇が背景にある。ただし、2015年以降の統計によると、20-24歳の労働力人口比率は上昇に転じている。たとえば、2015年に約69%であったのが、2020年に約75%となっている。高齢層における変化も比較的大きい。60-64歳の労働力人口比率は、1970年ごろに80%を超える水準にあったものが徐々に低下して1989年には約71%になった。そこから上昇し始めて1995年には約75%まで戻った。そこから再び低下して2005年には約70%になった。その後はまたも上昇して、2020年には約85%になって、1970年ごろの値よりも高くなった。1970年ごろに60-64歳の労働力人口比率が高かった理由は、自営業の就業者の比率が高かったためと言われている。自営業の就業者の比率の低下とともに、この年齢層の労働力人口比率はいったん低下した。その後は、退職年齢の引き上げや景気の影響などが組み合わさって上下動が生じている。労働力人口における高齢者の割合が高まっていることを考慮すると、2018年における男性の労働力人口比率の上昇は、60歳以降の労働力人口比率の上昇によるところが大きい。

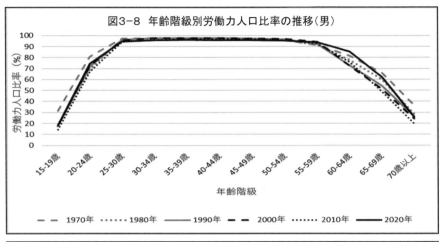

図3-8 年齢階級別労働力人口比率の推移（男）

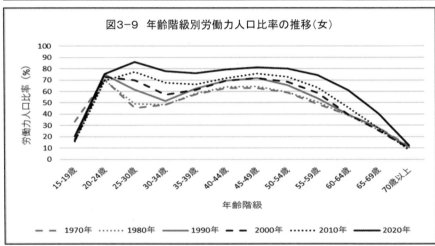

図3-9 年齢階級別労働力人口比率の推移（女）

資料　総務省統計局「労働力統計」基本集計

　女性の年齢階級別労働力人口比率の変化は男性よりも大きい。1970 年においては、女性の年齢階級別労働力人口比率は、20-24 歳で約 70％に達したのち、25-29 歳に約 45％まで低下して、40-49 歳に約 60％まで回復してから、徐々に低下した。1980 年においても、その形状はほとんど変わらなかった。曲線の形状から、女性の年齢

階級別労働力人口比率は M 字型と呼ばれた。男性や欧米の女性の年齢階級別労働力人口比率とは形状がまったく異なっていた。そのことから、M 字型の曲線が日本の社会における女性進出の遅れを象徴する現象とみなされることもあった。

1980 年ごろから、25-29 歳の女性の労働力人口比率は上昇し始めた。他の年齢階級においても以前より上昇しているけれども、25-29 歳における上昇が急速だった。2010 年以降は、すべての年齢階級において大きく労働力人口比率が上昇した。とくに、50 歳以上の年齢層における上昇が著しい。その結果、2020 年における女性の年齢階級別労働力人口比率を表す曲線の形状は M 字型ではなく、男性と似たものとなった。ただし、女性の 25-29 歳から 50-54 歳までの労働力人口比率の水準は約 80%であり、95%を超える男性よりも低い。

女性の年齢階級別労働力人口比率が大きく変化した一因は、年齢別配偶関係の急変にある。それを調べるために、年齢階級別の**有配偶率**、すなわち、年齢階級別総人口のうち配偶者がある者の割合の変化を見る。図 3-10a と図 3-10b は、それぞれ、男性と女性の年齢階級別有配偶率の推移を示す。男女とも、若年層において有配偶率が低下しているのに対して、高齢層における有配偶率が上昇している。とくに、女性の 25-29 歳における有配偶率は、1970 年に 80%を超えていたけれども、2020 年には約 36%に急減している。

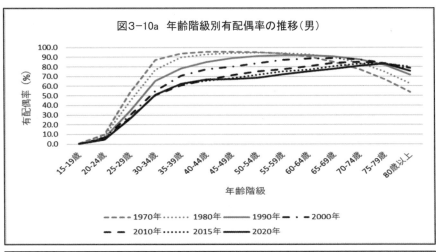

図3-10a 年齢階級別有配偶率の推移（男）

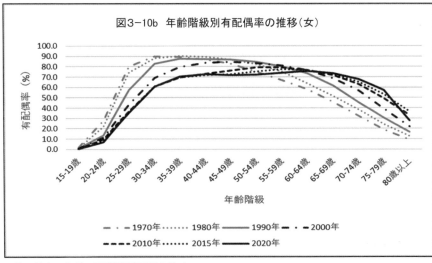

図3-10b 年齢階級別有配偶率の推移（女）

注　男女・年齢・配偶関係不詳を除く。
資料　総務省統計局「国勢統計」

　女性の場合、有配偶率が低下すると労働力人口比率が上昇する。なぜなら、有配偶の女性の年齢階級別労働力人口比率が未婚や死別・離別の女性の年齢階級別労働

力人口比率よりも低いからである。逆に、男性の場合、有配偶率が低下すると労働力人口比率が低下する。なぜなら、未婚の男性の年齢階級別労働力人口比率が有配偶や死別・離別の男性の年齢階級別労働力人口比率よりも低いからである。ただし、配偶関係による男性の年齢階級別労働力人口比率の相違は、女性の場合ほど大きくない。図 3-11a と図 3-11b は、男女それぞれについて、配偶関係・年齢階級別労働力人口比率を示す。上に述べた特徴のほかに、未婚の場合、年齢階級別労働力人口比率の水準・形状が男女で似通っていることが観察できる。

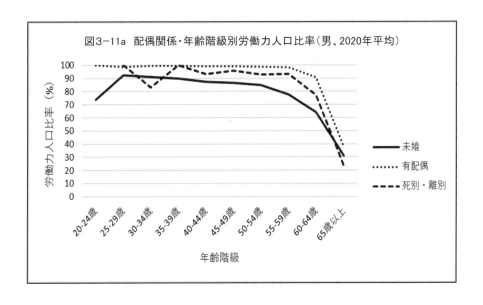

図3-11a　配偶関係・年齢階級別労働力人口比率（男、2020年平均）

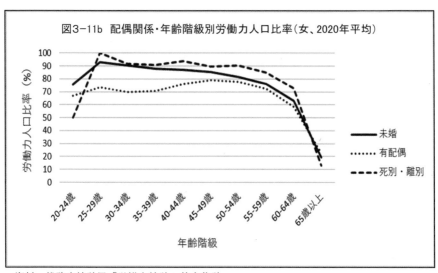

図3-11b 配偶関係・年齢階級別労働力人口比率（女、2020年平均）

資料 総務省統計局「労働力統計」基本集計

　さらに、図3-12から、女性の有配偶の者の年齢階級別労働力人口比率が時系列的に上昇していることも観察できる。図3-9から、もともとすべての年齢階級において上昇していた女性の労働力人口比率が、2010年以降さらに急速に上昇していることが分かる。とくに、20-24歳から35-39歳までの年齢階級における上昇が大きい。このことから、25-29歳の女性の労働力人口比率の上昇の背景には、その年齢階級における有配偶率が低下していることと、さらに近年において有配偶の者の労働力人口比率が上昇していることの2点があると言える。

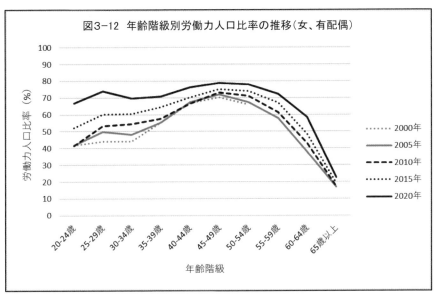

図3-12 年齢階級別労働力人口比率の推移（女、有配偶）

資料　総務省統計局「労働力統計」基本集計

男女・年齢階級別完全失業率・完全失業者数の推移

　完全失業率や完全失業者数も男女・年齢階級によって異なる。図 3-13a と図 3-13b は、それぞれ、男性と女性の年齢階級別完全失業率の推移を示す。男性の場合、若年層と 60-64 歳において完全失業率が高くなる傾向がある。また、これらの年齢階級における完全失業率は、他の年齢階級よりも景気の影響を強く受けているように見える。女性の場合、若年層の完全失業率が高く、年齢が高くなるにつれて完全失業率が低下する傾向がある。また、若年層ほど完全失業率が景気の影響を強く受けているように見える。

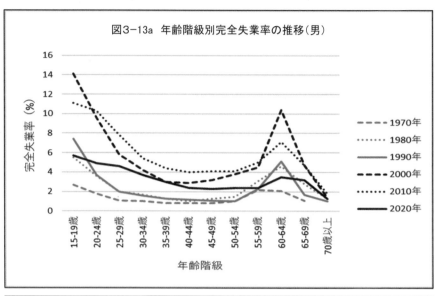

図3-13a　年齢階級別完全失業率の推移（男）

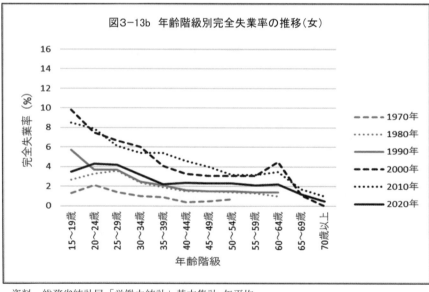

図3-13b　年齢階級別完全失業率の推移（女）

資料　総務省統計局「労働力統計」基本集計　年平均

雇用対策などを講じる上では、率とともに数も重要な統計となる。たとえば、雇用保険の総額は、それを必要とする者の数に依存する。また、男女や年齢によって必要な対策も異なるだろう。図3-14aと図3-14b、図3-14cは、それぞれ、1980年と2000年、2020年における男女・年齢階級別完全失業者数（年平均）を示す。それらによると、約40年前は、20-34歳の完全失業者が多かった。約20年前には、20歳代の完全失業者は相変わらず多かったことに加えて、50歳以降の年齢階級の完全失業者も多くなり始めた。2020年においては、すべての年齢階級において20歳代と比肩するほど完全失業者がいる。とくに、男性については、すべての年齢階級にまんべんなく完全失業者が存在する。

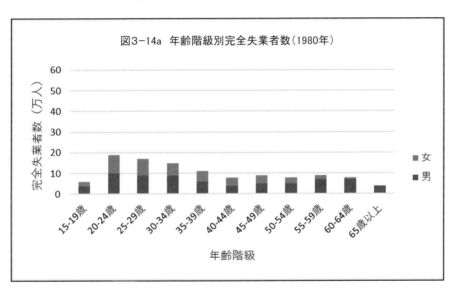

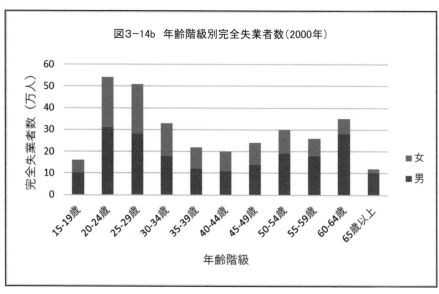

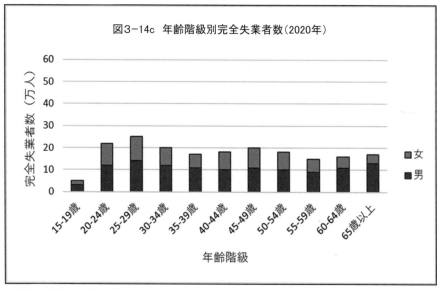

資料　総務省統計局「労働力統計」基本集計

86

第3章のまとめ

　15歳以上の人口は、就業状態に応じて、労働力人口と非労働力人口に区分される。労働力人口は、就業者と完全失業者に区分される。

　1953年以降、15歳以上の人口の増加に伴って労働力人口は増加していた。他方、15歳以上の人口に占める労働力人口の比率は低下する傾向にあった。男女別に見ると、男性の労働力人口比率が低下し続けていたのに対して、女性の労働力人口比率は何度か上下動した。とくに、最近における女性の若年層の労働力人口比率の上昇は、有配偶率の低下と、有配偶の者の労働力人口比率の上昇の2点に起因する。

　完全失業者数と完全失業率は好不況に応じて変動する。1990年代半ばまでは完全失業率が3%を超えることはなかった。しかし、1995年以降、完全失業率が急上昇して5%を超えた時期すらあった。2000年代半ばからは完全失業率の低下が続き、最近では3%よりも低い。年齢階級別に見ると、近年は、20歳代の完全失業者数と他の年齢階級の完全失業者数が同じぐらいの数となった。

　本章の分析手法は、第2章と同じである。本章と第2章との相違は、使われた統計の定義の仕方にある。第2章では、人口や出生、死亡など、その定義に合意が得やすい統計を扱った。これに対して、就業状態に関連する統計の定義は、第2章に比べると合意が得にくいと思える。しかし、その見返りとして、私たちの生活に直結した統計が得られる。実際、本章で分析した就業関係の統計は、経済の動きと緊密に結び付いていた。踏み込んだ定義に基づく統計によって、より豊かな知見が得られたとも言える。ただし、定義が込み入っている統計を分析するときには、その定義をいつも思い出さなければいけない。

　もうひとつ強調すべきことは、統計から有意味な結論を得るためには、統計以外の知識が必要になることである。たとえば、1970年代半ばから、完全失業率がそれまでよりも高くなったことは統計から分かる。しかし、なぜそうなったのかは統計

を見ているだけでは分からない。その時代の経済や社会に関する知識が必要になる。統計を「読む」ためには、統計数値を見ているだけでは足りない。[2]

注

1）総務省統計局による詳細集計における未活用労働を含む就業区分に関する解説

　https://www.stat.go.jp/data/roudou/definit.html

2）佐藤朋彦(2013)

第4章 生活のための消費

　働いて得た所得は生きていくために使われる。生活するために必要な消費の内容は多様である。それは時代とともに変化する。所得と消費との関係は、生活上の余裕ないし豊かさに関連する。

　第4章では、消費支出の時系列的な変化を概観する。

世帯における収入と支出

　家計統計は、家計調査に基づいて作成される基幹統計である。家計調査の目的は「国民生活における家計収支の実態を把握し、国の経済政策・社会政策の立案のための基礎資料を提供すること」とされる。家計統計から、支出に関する詳細な統計が利用できる。また、**勤労者世帯**（2人以上の世帯のうち世帯主が勤労者である世帯）と**無職世帯**（2人以上の世帯のうち世帯主が無職である世帯）については収入に関する統計も利用できる。

----------〈コラム：家計統計〉--

　家計統計は、家計支出などに関する月次の基幹統計である。これを作成するための基幹統計調査が家計調査である。家計調査は、消費者の購入価格を調査することを目的に1946年に始められた消費者価格調査を前身とする。1953年に現在の名称に変更された。1962年に、1回の調査について全国168市町村における約8,000世帯を調査する体制となり、現在の調査の原型が出来上がった。当初、農林漁家や単身世帯が家計調査の対象に含まれていなかった。けれども、1999年から農林漁家が、2002年から単身世帯が家計調査の対象に含まれることになった。現在は、総務省統計局によって毎月約9,000世帯が調査される。調査用の家計簿に世帯が記録した支出などが集計される。家計簿の記録は月次で集計され、原則として調査月の翌々月

上旬に公表される。

──〈コラム終了〉────────

　表 4-1 は、勤労者世帯と無職世帯の収支の状況を示す。ただし、1 年全体を通じての平均的な 1 か月当たり収支の状況を示すために、年平均値を表示している。なお、表 4-1 で 2019 年を参照した理由は、新型コロナウィルス感染症の影響を受ける前の状況を示すためである。ついでながら、家計調査の収支項目分類は 2020 年 1 月から部分的に改定されている。[1]

表4-1　1世帯当たり年平均1か月の収入と支出（2019年　年平均）

収　　入	勤労者世帯	無職世帯	支　　出	勤労者世帯	無職世帯
受取（収入総額）	1,114,844	624,370	支払（支出総額）	1,114,844	624,370
実収入	586,149	241,016	実支出	433,357	275,630
経常収入	577,067	235,209	消費支出	323,853	243,488
勤め先収入	536,305	28,692	非消費支出	109,504	32,142
事業・内職収入	4,237	5,365	直接税	45,487	12,278
他の経常収入	36,458	201,072	社会保険料	63,925	19,826
うち公的年金給付	25,236	194,023	うち公的年金保険料	38,368	2,449
特別収入	9,082	5,808	他の非消費支出	91	38
実収入以外の受取（繰入金を除く）	446,909	305,404	実支出以外の支払（繰越金を除く）	614,769	285,258
うち預貯金引出	351,024	240,591	うち預貯金	482,965	248,291
うち土地家屋借入金	4,810	0	うち土地家屋借金返済	37,647	2,562
うち分割払借入金	6,753	2,124	うち分割払借入金返済	7,856	2,243
うち一括払借入金	76,017	38,325	うち一括払借入金返済	50,179	21,401
繰入金	81,786	77,949	繰越金	66,718	63,482
可処分所得	476,645	208,874			
黒字	152,792	-34,613			

　資料　総務省統計局「家計統計」

　表 4-1 の仕組みを説明する。初めに、**受取（収入総額）**を構成する項目について述べる。受取は、**実収入**と、**実収入以外の受取（繰入金を除く）**、繰入金の 3 つに区分される。実収入とは、世帯員全員分の税込み収入の合計である。勤め先収入や公

的年金などがその典型的な例である。実収入は、**経常収入**と**特別収入**に分かれる。経常収入とは、定期的ないし経常的に取得が見込める収入である。給与や財産所得、年金がこれに含まれる。特別収入とは経常収入以外の実収入を指す。受贈金などがこれに含まれる。実収入以外の受取（繰入金を除く）は、当該期間中の資産の減少や負債の増加によって世帯が得た現金である。預貯金の引出や土地家屋借入金（住宅ローンなど）などがここに含まれる。繰入金とは、前月からの持ち越された手持ち現金の額である。

　次に、**支払**（支出総額）を構成する主な項目について説明する。支払は、**実支出**と、**実支出以外の支払（繰越金を除く）、繰越金**の３つに区分される。実支出は**消費支出**と**非消費支出**に区分される。消費支出とは、食料の購入など、生活に必要な財・サービスの購入に支払った金額を指す。非消費支出とは、納税や社会保険料の払い込みのための支出などを指す。実支出以外の支払（繰越金を除く）には、現金による支払いの結果として資産の増加や負債の減少を伴う支出である。預貯金の預入や土地家屋借金返済（住宅ローンなどの返済）などがこれに含まれる。繰越金は当月末における手持ちの現金である。

　実収入と実支出は、私たちの日常語における収入と支出に近い。繰入金は前期において使わずに手許に残った現金、繰越金は今期におけるそれのことだから、意味が分かりやすい。これらに対して、実収入以外の受取（繰入金を除く）と実支出以外の支払（繰越金を除く）は、私たちが想起する収入や支出と性質が異なる。たとえば、預貯金の引出と預入を何度も繰り返せば、引出のたびにその金額が預貯金引出（実収入以外の受取の一部）に、預入のたびにその金額が預貯金（実支出以外の支払の一部）に記録され、受取と支払が増える。

　もう少し実際的な例として、勤め先から給与が銀行に振り込まれた場合、その金額が勤め先収入（実収入の一部）に記録される。それと同時に、同額が支出側の預貯金（実支出以外の支払の一部）にも記録される。その後に預金を引き出せば、そ

の額が収入側の預貯金引出（実収入以外の受取の一部）に記録される。[2]

　また、クレジットカードで財・サービスを購入した場合、購入金額が消費支出（実支出の一部）として記録される。それと同時に、同額がクレジット購入借入金（実収入以外の受取の一部。2019年までは分割払購入借入金または一括払購入借入金）に記録される。調査期間内に購入金額の一部ないし全部が返済されれば、その額がクレジット購入借入金返済（実支出以外の支払の一部。2019年までは分割払購入借入金返済または一括払購入借入金返済）に記録される。[3] 同じものを現金で購入すれば、消費支出に記録されるだけである。

　このように、実収入以外の受取（繰入金を除く）と実支出以外の支払（繰越金を除く）は、私たちの日常的な感覚による収支と異なる。しかし、これらは、世帯の保有する資産の増減を正確に記録するための項目である。

　なお、表4-1に示されるとおり、受取は、残余である繰越金を含めてすべて何らかの形で支払われる。したがって、受取と支払は常に等しい。

　ここから、表4-1の内容について概観する。表4-1によると、2019年における平均では、勤労者世帯の1世帯当たり1か月の受取は約111万円だった。その内訳は、実収入が約59万円、実収入以外の受取（繰入金を除く）が約45万円、繰入金が約8万円であった。勤労者世帯では、勤め先収入が経常収入の多くを占める。無職世帯の1世帯当たり1か月の受取は約62万円だった。その内訳は、実収入が約24万円、実収入以外の受取（繰入金を除く）が約31万円、繰入金が約8万円であった。無職世帯では、公的年金給付が経常収入の多くを占める。

　支払については、勤労者世帯の1世帯当たり1か月の支払は受取と同額の約111万円だった。実支出が約43万円、実支出以外の支払（繰越金を除く）が約61万円、繰越金が約7万円であった。無職世帯の1世帯当たり1か月の支払は、約62万円だった。実支出が約28万円、実支出以外の支払（繰越金を除く）が約29万円、繰越金が約6万円であった。無職世帯と比べると、勤労者世帯では実支出に占める非

消費支出の割合が高い。

　先に進む前に、表 4-1 が 1 世帯当たりの平均を示していることに注意する。とくに、平均が必ずしも典型とは言えない点に注意しなければならない。たとえば、表 4-1 において、勤労者世帯は平均的に約 38 千円を土地家屋借金返済に充てる。後に見るように、勤労者世帯は平均的に約 12 千円の家賃地代を支払う。しかし、持家の世帯の大多数は家賃を払わない。逆に、賃貸住宅に住む世帯の大多数は住宅ローンを返済しない。ところが、持家の世帯も賃貸住宅に住む世帯も合わせて平均が計算される。実際には、4 万円弱の住宅ローンを返済しながら 1 万円強の家賃を支払っている世帯はほとんどないはずである。住宅ローンを返済している世帯だけについて平均すれば、返済額は表 4-1 で示される金額よりも大きくなる。家賃地代についても同様のことが当てはまる。このように、平均は必ずしも典型的な値とは言えない。とくに、多くの世帯において支出額が 0 となる項目について、このことが当てはまる。平均を扱うときには「値 0 である調査対象がどれぐらいありそうか」という点に注意するのがよい。

勤労者世帯における受取の推移

　受取と支払それぞれの内訳とその構成比の時系列的な変化を、長期間にわたって統計が利用可能な勤労者世帯について概観する。図 4-1 と図 4-2 は、それぞれ、受取の内訳とその構成比を示す。ただし、図 4-1 において、たとえば、1963 年の受取は 1963 年において実際に観察された金額で表示されている。つまり、経済学で言う名目値である。1963 年には、平均的な物価が現在の約 1/5 であったことを考慮して図を描き直せば、1963 年受取と現在の受取との差は縮まる。ここではそのような調整を行っていない。これに対して、図 4-2 は、その年その年の貨幣価値で計算した構成比であるから、一般的な物価の変化は分子・分母で相殺される。

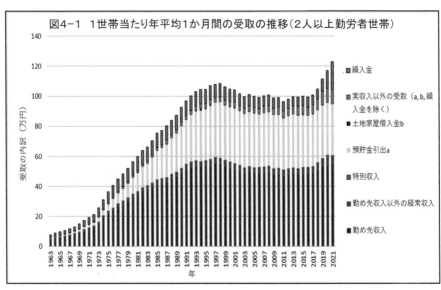

図4-1　1世帯当たり年平均1か月間の受取の推移（2人以上勤労者世帯）

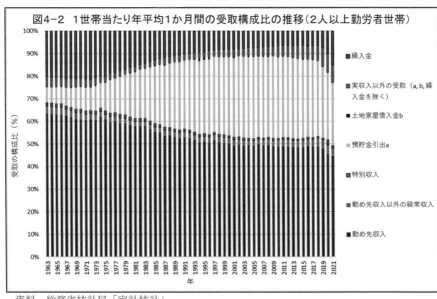

図4-2　1世帯当たり年平均1か月間の受取構成比の推移（2人以上勤労者世帯）

資料　総務省統計局「家計統計」

図4-1によれば、勤労者世帯の1世帯当たり年平均1か月の受取は1992年に100万円を超えた。しかし、その後、受取の伸びが停滞して、2009年から2016年まで100万円弱の状態が続いた。だが、2017年以降、再び増加し始めている。ただし、この増加は、調査方法の変更（調査用家計簿の変更）による可能性もある。[4]

　図4-2によって、受取の中の主だった項目の構成比を見ると、1960年代において、勤労者世帯の受取の約6割が勤め先収入で、約2割が繰入金で占められていた。繰入金の構成比が高い理由として、当時は、一般的な世帯にとって現金が主要な決済手段だったので相応の額の現金を手許に用意する必要があったことが挙げられる。たとえば、1960年代には、給料袋入りの現金を給料日に職場で手渡すことが多かった。キャッシュカードもATMもなかった。このため、銀行預金の預入と引出はすべて窓口でしなければならなかった。したがって、買い物などに備えて、ある程度の現金を自宅に保有することが生活のために必要だった。その後、1970年代後半から繰入金の構成比が低下し始めて、代わりに預貯金引出の構成比が上昇し始めた。1980年代には勤め先収入の構成比が低下し始めて、1990年代後半には約半分になった。その背景には、給与が銀行口座に振り込まれるようになり、キャッシュカードなどによってATMから預金を引き出せるようになったこと、クレジットカードが世帯に普及し始めたことなどがあった。

　2000年以降に実収入以外の受取（繰入金を除く）から預貯金引出や住宅土地借入金を除いた残りのうちで増加している項目は、分割払購入借入金と一括払購入借入金の2つ、とくに後者である（図4-3）。これらの項目の構成比が上昇している背景には、クレジットカードが普及したこととともに、家電量販店やホームセンターなどが登場して、エアコンなどの耐久消費財をクレジットカードで購入する消費者が増えたことがあるのだろう。

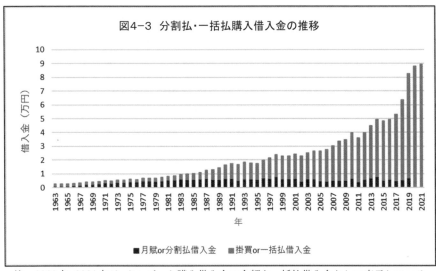

図4-3 分割払・一括払購入借入金の推移

借入金（万円）

■月賦or分割払借入金　■掛買or一括払借入金

注　2020年、2021年は、クレジット購入借入金の金額を一括払借入金として表示している。
資料　総務省統計局「家計統計」

　図4-4は、主な受取項目の**寄与度**、すなわち、受取の対前年変化率のうち、それ
ぞれの項目による寄与の大きさを示す。それによると、1970年代前半までは、勤め
先収入の寄与度が最も大きく、次いで繰入金の寄与度が大きかった。ただし、この
ころは、全般的に物価が上昇していた時期に当たる。このため、全体的に受取の増
加率が高く、構成項目の寄与度も高い。1970年代後半から1990年代半ばにかけて、
受取の変化率が年々低下していった。繰入金の寄与度がほとんど0となり、勤め先
収入の寄与度が低下する中で、預貯金引出の寄与度が相対的に大きくなった。1990
年代後半から2010年代半ばまで、どの構成項目も一進一退を繰り返すようになり、
それらの合計である受取の変化率も0%近辺を上下した。2017年以降、受取の変化
率は継続して正となっている。とくに、勤め先収入の寄与度と「実収入以外の受取
（繰入金を除く）から預貯金引出と土地家屋借入金を除いた残り」の寄与度が大き
い。

2020年については、特別収入の寄与度と繰入金の寄与度が大きい。特別収入の寄与度が上昇した一因は、新型コロナウィルス感染症拡大への対応策として講じられた特別定額給付金の支給にあるのだろう。繰入金の貢献度も高い。その理由は、新型コロナウィルス感染症緊急事態宣言などによって世帯員が通常よりも長く在宅したために、食料などの生活費が増加して現金をいつもより多めに保有したためなどと推察できる。少なくとも、2020年の受取の構成はそれまでの年の受取の構成と異なる。

　2021年には、特別収入が減った一方で、繰入金の寄与度が大きくなった。

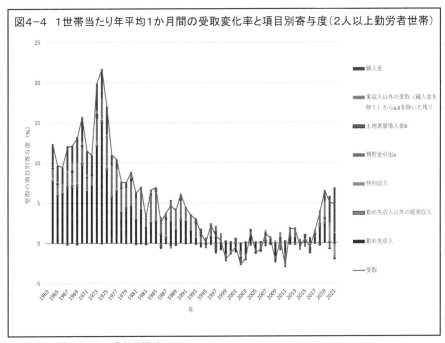

図4-4　1世帯当たり年平均1か月間の受取変化率と項目別寄与度（2人以上勤労者世帯）

　　資料　総務省統計局「家計統計」

　簡単のため、項目を B と C の 2 つとし、両者の合計を A で表す。したがって、ある時点ないし期間において、A = B + C が成り立つ。次の時点ないし期間において、2 つの項目が b、c だけ変化して、その結果、合計が a だけ変化したとすると、(A + a) = (B + b) + (C + c) が成り立つ。この等式の左辺から A を、右辺から B + C を減じると a = b + c が成り立つ（図 4-5）。つまり、合計の変化量は、それぞれの項目の変化量の合計に等しくなる。最後の等式の両辺を A で除すと、a/A = b/A + c/A となる。左辺は、ある時点ないし期間から次の時点ないし期間にかけての合計の変化率である。右辺第 1 項を項目 B の寄与度、第 2 項を項目 C の寄与度と呼ぶ。さらに変形を進めて、同じ式を (a/A) = (B/A)(b/B) + (C/A)(c/C) とも表せる。すなわち、左辺にある合計の変化率は、変化する前の年の項目構成比を重みとした 2 つの項目変化率の加重平均である。このことから、ある項目の変化率の絶対値が大きいほど、そして、その項目の構成比が高いほど、寄与度が高くなる。この計算は、項目が 3 つ以上の場合にも拡張できる。

図4-5　合計の変化量と構成項目の変化量の関係

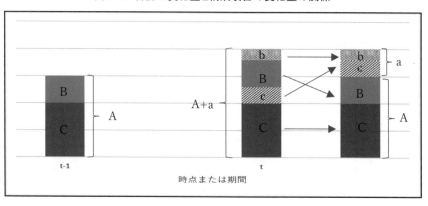

勤労者世帯における支払の推移

　次に、勤労者世帯における支払の推移を概観する。図4-6と図4-7は、それぞれ、支払の内訳とその構成比を示す。図4-6については、物価の上昇の影響を受けている。受取と支払が等しいので、支払全体の動きは受取全体の動きと同一である。

　図4-7から支払の構成比の推移は、以下のとおりに要約できる。1960年代半ばにおいては、支払のうち半分が消費支出、1割弱が非消費支出（主に租税や社会保険料）、1割強が預貯金、約1割が実支出以外の支払（繰越金を除く）から預貯金と土地家屋借金返済を除いた残り、あとの残り約2割が繰越金で占められていた。その後、消費支出の構成比は漸減して、2010年代には約3割にまで低下している。その間、非消費支出の構成比は微増して、最近では支払のほぼ1割を占める。構成比が最も高くなったのは預貯金である。1980年ころから構成比が急速に上昇して、2010年代後半には4割強を占めるに到った。これは、受取側の預貯金引出に対応した変化であり、銀行振り込みで給与が支給されることが多くなったことが原因だろう。「実支出以外の支払（繰越金を除く）から預貯金と土地家屋借金返済を除いた残り」は微減して、最近では支払の1割弱を占める。繰越金が支払に占める割合は、近年、1割弱にまで低下した。ただし、2020年と2021年には、消費支出の構成比が低下した分だけ繰越金の構成比が上昇した。そのほかで目立つ変化は、土地家屋借金返済つまり住宅ローンの返済である。1970年代の後半から徐々に上昇して、最近では支払の3%強になっている。

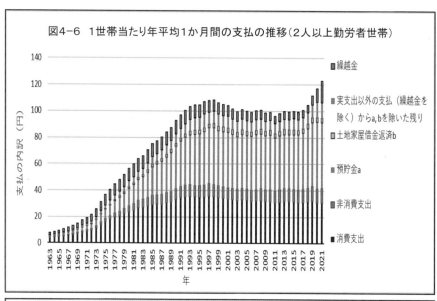

図4-6　1世帯当たり年平均1か月間の支払の推移（2人以上勤労者世帯）

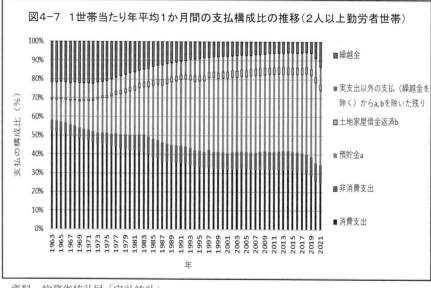

図4-7　1世帯当たり年平均1か月間の支払構成比の推移（2人以上勤労者世帯）

資料　総務省統計局「家計統計」

図4-8 は、支払の変化率に対する主な支出項目の寄与度を示す。1970 年代半ばまで、消費支出と預貯金、繰越金の寄与度が高かった。ただし、この時期は物価も上昇しており、それによって支払の伸び率が高かった事情は、受取の場合と同じである。1970 年代後半から消費支出の増加と繰越金の増加が鈍化した。1980 年代の後半から、支払の変化率に対する預貯金の寄与度が相対的に高くなった。1990 年代後半から 2010 年代半ばまで、支払の変化率が 0%近辺を上下動するようになり、支払の項目の寄与度も正負が拮抗するようになった。とくに、それまでは継続的に正であった消費支出の寄与度が負になることが多くなった。2017 年以降、支払の変化率は継続的に正となっている。支払の項目の中では、預貯金の寄与度が高い。

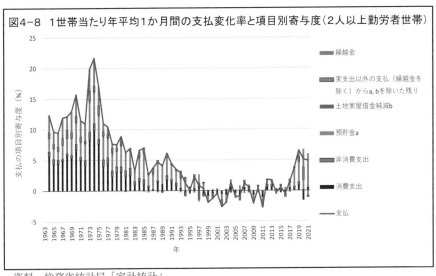

図4-8　1世帯当たり年平均1か月間の支払変化率と項目別寄与度（2人以上勤労者世帯）

資料　総務省統計局「家計統計」

　2020 年については、消費支出の寄与度が負となる一方で、繰越金と「実支出以外の支払（繰越金を除く）から預貯金と土地家屋借金返済を除いた残り」の寄与度が高かった。新型コロナウィルス感染症拡大防止策として緊急事態宣言が発出された

ことなどの影響によって、消費支出が減少し、その分、繰越金や「実支出以外の支払（繰越金を除く）から預貯金と土地家屋借金返済を除いた残り」が増加したと見受けられる。2021年も同じ傾向が続いた。

可処分所得と黒字

　受取には、実収入以外の受取（繰入金を除く）も含まれる。また、支払には、実支出以外の支払（繰越金を除く）も含まれる。私たちが日常的な感覚で言う収入と支出に近いのは、実収入と実支出である。

　しかし、実収入の全額が自由に使えるわけではない。実収入から、所得税や住民税などを支払わなければならない。税引き後の収入が手取り収入、つまり自分で自由に使えるお金となる。家計統計においては、実収入（受取の構成項目の1つ）から非消費支出（支払の構成項目の1つ）を差し引いた残りを**可処分所得**と呼ぶ。非消費支出は直接税や社会保険料などへの支払いであるから、可処分所得は手取り収入に相当する。

　可処分所得の一部は、生活するため財・サービスの購入に充てられる。これが消費支出となる。可処分所得から消費支出を差し引いた金額を家計統計では**黒字**と呼ぶ。経済学ではこれを**貯蓄**と呼ぶ。可処分所得よりも消費支出の方が大きければ、黒字は負、つまり赤字になる。実際、2019年における無職世帯の平均的な黒字は負である（表4-1）。なお、実収入から実支出を差し引いた金額も黒字に等しくなる。なぜなら、可処分所得の定義から、実収入＝可処分所得＋非消費支出　が成り立ち、実支出＝消費支出＋非消費支出　であるから、実収入と実支出の差が可処分所得と消費支出の差、つまり黒字と等しくなるからである。一方で、受取（収入の総額＝実収入＋実収入以外の受取（繰入金を除く）＋繰入金）と支払（支出の総額＝実支出＋実支出以外の支払（繰越金を除く）＋繰越金）は常に等しい。このことから、正の黒字は、実支出以外の支払（繰越金を除いた、預貯金の積み増しや土地家屋借金

返済）や繰越金に回り、逆に負の黒字（赤字）は実収入以外の受取（繰入金を除いた、預貯金の引出など）や繰入金で賄われる。

------------〈コラム：貯蓄と貯蓄残高〉-----------------------------

　家計統計における黒字（経済学における貯蓄）はフローである。すなわち、黒字は期間（いつからいつまで）を特定して測定される数値である。なぜなら、黒字の計算の基となる可処分所得も消費支出もフローだからである。たとえば、1年間に稼得した可処分所得から、その1年間で消費に支払った金額を差し引いた残りが、その1年間に生じた黒字（貯蓄）である。

　他方、世帯が銀行などに保有している預貯金はストックである。すなわち、預貯金は時点（いつ）を特定して測定される数値である。日常用語では、ストックとしての預貯金などを貯蓄と称することが多い。家計統計においても、貯蓄という用語でストックを意味することがある。

　フローとストックを区別したいときには、前者を貯蓄、後者を貯蓄残高ないし貯蓄現在高と表現する。英語では、それぞれ saving と savings と表現される。「saving が貯まった結果が savings だ」と整理すれば、両者の関係まで含めて覚えやすい。

--〈コラム終了〉----------

　図 4-9a は、勤労者世帯における消費支出と可処分所得の散布図を示す。図 4-9b は、図 4-9a の中の点線で囲まれた部分の拡大図である。どちらの図も、物価の変化を調整していないことに注意する。図 4-9a の中の破線は、原点を通る傾き 1 の直線（消費支出＝可処分所得　となる点の組み合わせ）である。1964 年から 1997 年まで、可処分所得は増え続けた。図 4-9a の左端の観察点から右端の観察点までが、この期間に対応する。しかし、1998 年から 2003 年まで所得が減少し続けた（図 4-9b）。この間、1997 年までの可処分所得・消費支出の関係より低位ではあったものの、可

処分所得とともに消費支出も減少した。そこから 2008 年まで可処分所得が停滞した。2009 年に可処分所得がさらに低下して、2014 年までその水準で停滞した。2015 年から 2020 年まで可処分所得は増加している。しかし、消費支出はそれまでほど増えていない。ただし、このことは、家計調査における調査方法の変更による影響と推察される。[5] 2020 年については、新型コロナウィルス感染症拡大を抑制するための政策などの影響によって消費支出が大きく減少した。2021 年には消費支出が若干増加したものの、依然として消費支出の水準は低位に留まった。

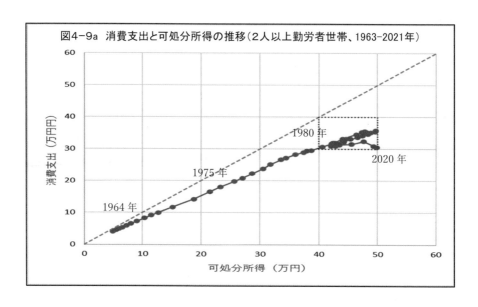

図4-9a　消費支出と可処分所得の推移（2人以上勤労者世帯、1963-2021年）

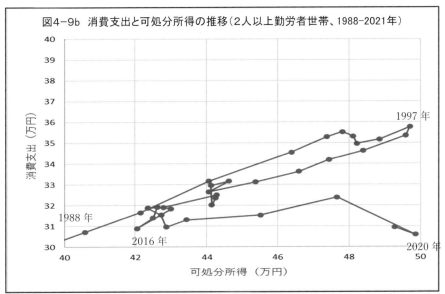

図4-9b　消費支出と可処分所得の推移（2人以上勤労者世帯、1988-2021年）

注1　図4-9a破線は、原点を通る傾き1の直線（消費支出＝可処分所得　となる点）を表す。
注2　図4-9aの点線で囲まれた部分を拡大したのが図4-9bである。
資料　総務省統計局「家計統計」

黒字率の推移

　物価水準を調整する方法として、**黒字率**に注目する。黒字率とは、黒字を可処分所得で除した値である。通常、パーセントで表示される。黒字率は、可処分所得のうち消費に使わなかった部分の比率である。経済学では平均貯蓄性向ないし**貯蓄率**と呼ばれる。ある年における消費支出の金額と可処分所得の金額に及ぼされる物価水準の影響が同じ比率であれば、可処分所得と消費支出の差額である黒字も同じ比率で物価水準の影響を受けることになる。その場合には、黒字と可処分所得の比を取ることによって物価水準の影響が打ち消される。こうした効果を期待して、黒字率に注目する。

　貯蓄する、すなわち可処分所得の一部を消費せずに取っておく動機は各人各様で

ある。たとえば、住宅ローン返済のために消費を抑える人もいれば、将来の旅行のためにお金を貯める人、老後に備えて資産を増やす人など、さまざまだろう。しかし、少なくとも、「食うや食わず」の状態で貯蓄することは困難だから、黒字率が家計の余裕と関連しているとは想定できるだろう。ここでは、そうした観点から黒字率の推移を概観する。

　図 4-10 は、2 人以上勤労者世帯における黒字率の推移を示す。1963 年における黒字率は 16.2%であった。言い換えれば、可処分所得の 83.8%が消費に使われていた。その後、1969 年まで黒字率は 20%未満だった。当時は、今よりも所得水準が低かった。それとともに、それまで保有していなかった家庭用電気機械器具、たとえば、テレビや洗濯機、冷蔵庫を世帯がこぞって買いそろえた時期でもあった。そのため、可処分所得の多くが消費に使われた。それでも、物価水準の上昇を上回る勢いで所得が増加して、1970 年代前半まで黒字率は上昇した。

　1970 年代半ばから 1980 年代半ばまでは黒字率が低下した。この期間では、2 度の石油危機によって物価が騰貴したために、物価の上昇率が可処分所得の増加率に迫り、ときにはそれを上回った。それまでほど所得が伸びない中で物価の上昇が続くと、「モノが高くなる前に買う」という行動が合理的になる。このこともあり、この時期に黒字率が低下した。

　1980 年代半ばになると、物価が落ち着き始めた。その一方で、高度成長期ほどではないにせよ、バブル景気と称された好況によって可処分所得が再び増加した。所得水準の上昇を背景に、黒字率が上昇に転じた。黒字率の上昇は 1998 年まで続き、28.7%に達した。

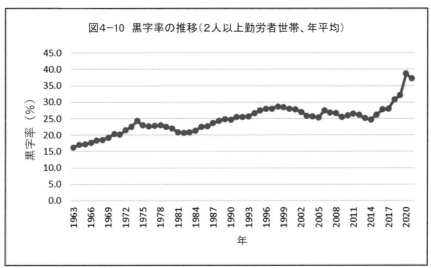

図4-10 黒字率の推移（2人以上勤労者世帯、年平均）

資料　総務省統計局「家計統計」

　1997年以降、世帯の可処分所得が継続して減少した（図4-9b）。それまで、勤労者世帯の平均可処分所得が長期にわたって減少したことはなかった。所得が減少する局面における可処分所得と消費支出との関係は、所得が上昇していた局面におけるそれよりも複雑に見える。けれども、総じていえば、所得の減少とともに黒字率が低下した。

　2015年以降、可処分所得は増加している。それにもかかわらず、消費支出はそれほど増加していない（図4-9b）。その結果、この期間に黒字率が急上昇して、2018年以降は30%を超えた。ただし、これは、家計調査の家計簿の仕様が変更されて、とくに世帯収入の把握が充実したことの影響が大きいと推察される。[6]

消費支出の10大費目への支出額の推移

　家計統計で集計される消費支出の内訳は詳細である。たとえば、品目分類（どのような種類の財・サービスであるかを示す分類）において、食料（大分類）・魚介類

（中分類）・生鮮魚介（小分類）・鮮魚（品目）の中が、さらに、まぐろ、あじ、いわし、…など 16 種類に分類される。

　ここでは、勤労者世帯において、**10 大費目**（表 4-2）への支出額およびそれらが消費支出に占める構成比の推移を概観する。

　なお、どのような財・サービスがどの費目に分類されるかについては、総務省統計局「収支項目分類及びその内容例示（2020 年(令和 2 年)1 月改定)」で確かめられる。たとえば、スマートフォン購入費は項目名「携帯電話機」として交通・通信に、パーソナルコンピューター購入費は項目名「パソコン」として教養娯楽に集計される。とくに内容例示が有用である。

表4-2　消費支出の10大費目とそれに含まれる消費支出の例

10 大費目	消費支出の例
食料	米、まぐろ、しょう油、ようかん、弁当
住居	民営家賃、設備器具、畳替え
光熱・水道	電気代、ガス代、上下水道料
家具・家事用品	電気冷蔵庫、エアコン、タオル
被服及び履物	背広服、婦人用セーター、洗濯代
保健医療	感冒薬、コンタクトレンズ、医科診療代
交通・通信	自動車購入、ガソリン、携帯電話通信料
教育	授業料等、学習参考教材、中学校補習教育
教養娯楽	テレビ、新聞、国内パック旅行費
その他の消費支出	理髪料、腕時計、たばこ

資料　総務省統計局ウェブサイト https://www.stat.go.jp/data/kakei/search/before.html

　図 4-11 と図 4-12 は、それぞれ、勤労者世帯について、10 大費目への支出額の推

移と消費支出に占める 10 大費目の構成比を示す。

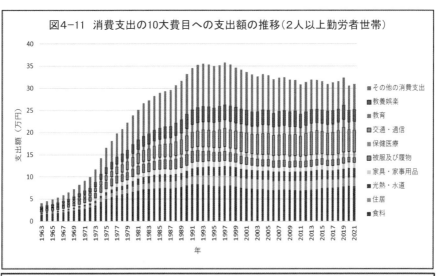

図4-11　消費支出の10大費目への支出額の推移（2人以上勤労者世帯）

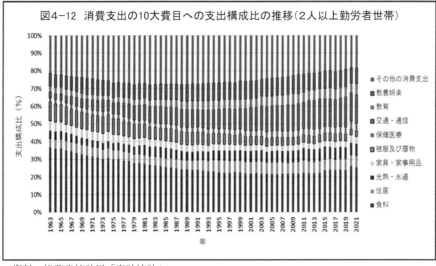

図4-12　消費支出の10大費目への支出構成比の推移（2人以上勤労者世帯）

資料　総務省統計局「家計統計」

図 4-11 によれば、1993 年まで消費支出が増加した。その一因は、全体的な物価の上昇にある。そのころまでは、少数の例外的な時期を除いて、すべての費目への支出が毎年増えた。

　しかし、1993 年以降、いくつかの費目の支出額が継続的に減少するようになった。たとえば、食料は、2011 年まで前年よりも小さくなることが多かった。しかし、2012 年以降、食料への支出はほとんどの年で前年より大きくなっている。被服及び履物は、1992 年以降、前年より小さくなることが普通となった。この期間は、衣料品の売れ筋が大きく変わり、それまでよりも安価な製品が消費者に好まれるようになった時期に相当する。反対に、交通・通信への支出は同じ期間に増加することが多かった。とくに、携帯電話やスマートフォンなどの移動式の通信機器を購入・利用するための支出が増えた。

　図 4-12 によれば、1963 年においては、食料が消費支出の約 38%を占めた。「その他の消費支出」(約 21%)を除いて構成比が高い費目は、被服及び履物の約 11%、教養娯楽の約 7%であった。それ以降、食料の構成比は低下し続け、2002 年には約 22%になり、2010 年までおよそ 22%弱であった。けれども、2011 年以降にゆっくりと上昇して 2019 年には約 24%、2020 年に 26.0%、2021 年に 25.4%となった。

　住居の構成比は、1963 年には 5%弱であり、1990 年代半ばごろまで約 5%であった。1990 年代後半に平均的な構成比がおよそ 1.5 ポイント上昇して約 6.5%を上下するようになった。2015 年以降は約 6%となっている。

　この費目については、勤労者世帯における持家比率が上昇し、家賃を支払っている世帯の割合が低下していることに注意しなければならない。図 4-13 から、1995 年以降、勤労者世帯における持家率は 6 割強から約 8 割にまで上昇した。それらの世帯のうち、約半分が住宅ローンを返済している最中である。同じ期間に、家賃地代を支払っている世帯の割合は、3 割強から 2 割未満に低下した。平均としての家賃地代の支出額は、1963 年の約 1,100 円から 1997 年の約 16,000 円まで増え続け

た。その後は上下動がありながらも減少し始めて、2020 年には約 11,600 円になった。

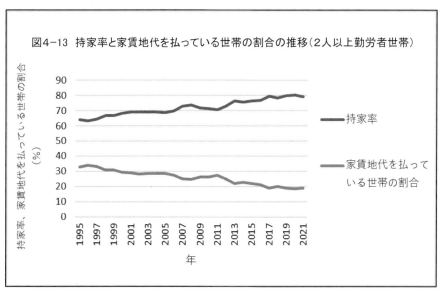

図4-13　持家率と家賃地代を払っている世帯の割合の推移（2人以上勤労者世帯）

資料　総務省統計局「家計統計」

　持家率が上昇している一因は、勤労者世帯が高齢化していることにある。1963 年における 2 人以上勤労者世帯における世帯主の平均年齢は約 40 歳であった（図 4-14）。世帯主の平均年齢は 1981 年ごろから上昇し始めて、現在では約 50 歳になった。つまり、勤労者世帯において、若い世代の割合が低下している。このことも、持家率を上昇させて、家賃地代を支払う世帯の割合を低下させている。

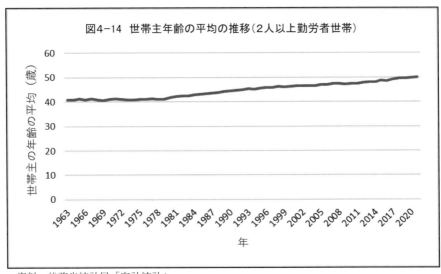

図4-14 世帯主年齢の平均の推移（2人以上勤労者世帯）

資料　総務省統計局「家計統計」

　光熱・水道の構成比は、1963年には約5%であったところが、1970年代半ばまで低下が続いて、1973年に4%弱となった。しかし、そこから上昇に転じて、1980年代と1990年代は5%台、2000年代は6%台、2010年代には7%台となった。石油危機による原油価格の騰貴や、おそらくは温暖化による猛暑の影響などにより、光熱・水道への支出構成比は上昇傾向にある。

　家具・家事用品への支出の構成比は低下している。1963年におけるそれは6%弱であった。1970年に約5%、1980年には約4%、1990年に約4%、2000年代半ばには約3%になった。2010年代に3%強から4%弱にまで戻った。家具や家庭用電気機械器具の量販店が登場したことで、家具・家事用品に分類される財・サービスの価格が下落していることが影響しているのだろう。

　被服及び履物への支出の構成比は低下した。1960年代半ばにおいて、それは1割以上であった。1970年代半ばに約9%、1980年代半ばに約7%、1990年代半ばに6%、2000年代前半に5%を下回り、2019年には約4%となった。スーツの量販店

の出現や、ファストファッションと呼ばれる低価格の衣料品への需要が増加したことが、構成比低下の一因だろう。

　保健医療への支出の構成比は、1963 年から 1990 年まで約 2.5%で安定していた。そこから徐々に上昇して、2019 年に約 4%となった。この費目の変化については、医療費負担分の変更や医薬分業の導入などが、高齢化等の社会の変化とどのように関係するかに依存する。

　交通・通信への支出の構成比は 10 大費目の中で最も大幅に上昇した。それは、1963 年に 3%強、1971 年に約 6%、1981 年に約 9%、1987 年に 10%強、2000 年に約 13%、2010 年に約 15%、2019 年に約 17%となった。図 4-15a と図 4-15b は、1969 年以降における交通・通信への支出の中の内訳とその中での構成比の推移を示す。1969 年において交通（鉄道料金等。ただし、旅行等は教養娯楽に分類されるので、交通には含まれない）が 4 割近くを占めた。しかし、自家用車の普及とともに、自動車等維持（ガソリン、自動車整備費など）が急増して、1970 年代後半に 4 割近くを占めるようになった。1990 年代後半から、移動式の通信機器（携帯電話やスマートフォン）の普及が進み、通信への支出が交通・通信への支出に占める割合は上昇して、2000 年代後半に約 3 割に達した。なお、新型コロナウィルス感染症拡大を防止するために移動が制限された 2020 年と 2021 年には交通への支出が大きく減少した。

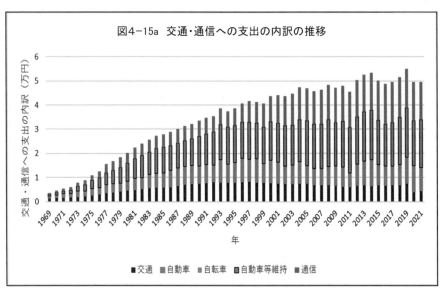

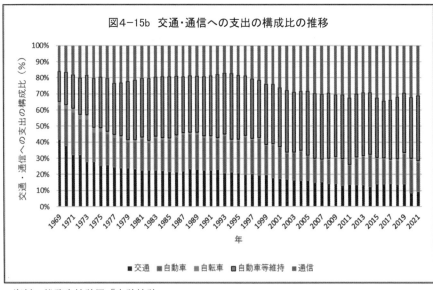

資料　総務省統計局「家計統計」

教育への支出は 1963 年から 1990 年代半ばまで増加傾向にあった。けれども、それ以降は約 18 千円の近辺を上下動している。構成比もこれに沿った動きを示している。1960 年代半ばには、教育への支出の構成比は 3％後半であった。1970 年代前半では、それがいったん 2％後半に低下した。それが、1980 年代半ばには約 4％、1990 年代前半には 5％前半、2000 年代半ばには約 6％となり、その後は 6％前後を上下動している。

　教育に関連して世帯人員の変化を確認する。勤労者世帯においても少子化が進んでいる。図 4-16 は、勤労者世帯の世帯人員の平均の変化を示す。1963 年には 4.2 人であった平均世帯人員が、2020 年には 3.3 人になった。大雑把に言えば、この間に世帯人員が 1 人減ったことになる。世帯人員の減少は、食料などにも影響を及ぼすけれども、教育への影響が大きそうに思える。にもかかわらず、教育の構成比が低下していないことは、子ども 1 人当たりの教育に費やされる金額が増大しているということなのかもしれない。

図4-16　世帯人員数の平均の推移（2人以上勤労者世帯）

資料　総務省統計局「家計統計」

教養娯楽に分類される財・サービスは多彩である。テレビやパソコンのような家庭用電気機械器具、学習用机のような耐久財、文房具などの消耗品、スポーツウェアなどの運動用具、書籍、パック旅行などの宿泊料、映画館などへの入場料、インターネット接続料などが含まれる。内容が多彩なため、教養娯楽の推移について一般的な傾向を見出しにくい。その構成比は、1960年代半ばにおいて7%台、1970年代前半に約9%、1970年代半ばから1990年代半ばまで約8.5%、1990年代後半からは10%前後を上下動している。

「その他の消費支出」については、雑多な財・サービスが含まれている。一般的な傾向は見出しにくい。

エンゲル係数

消費支出に占める食料の構成比は**エンゲル係数**と呼ばれる。家計統計でもエンゲル係数が掲載される。この係数は、所得水準が上昇すると低下する傾向がある。ザクセン王国統計局長であった C. L. E. エンゲルが、1857年に著した「ザクセン王国の生産および消費事情」において初めてこの傾向を指摘した。エンゲルが指摘した後も、この傾向が多くの時期・地域で観察されたことから、そのような傾向が**エンゲルの法則**と呼ばれるようになった。[7]

エンゲルの法則が成り立つ理由はおおよそ次のように説明できる。所得水準が低くても、生きるためには食べなければならない。このため、所得水準が低いときには、他の支出を抑えてでも生存のために食料の購入が優先される。所得水準が上昇すると、食材を高級にするなどして、食費はさらに増える。しかし、それよりも、食料以外の財・サービス、たとえば、それまで我慢していた自動車や海外旅行、あるいは子どもの教育など、家計に余裕があるからこそ購入できる財・サービスへの支出の増加が相対的に大きくなるだろう。だとすれば、所得水準が上昇すると、消費支出のうち食料が占める割合が低下する。このことから、エンゲル係数が世帯の

生活水準に対応する指標と目されることがある。

　図 4-12 の説明で述べたとおり、エンゲル係数は、1963 年から 2000 年ごろまで低下して、2010 年代半ばまで横ばいだった。けれども、2014 年あたりから上昇している。数ポイントとはいえ、エンゲル係数が数年にわたって上昇することはそれまでになかった。このため、この反転が注目を集めた。

食料の中の項目--食料の内容による 12 の中分類

　最近になってエンゲル係数が上昇している理由を探るため、食料への支出を細分して調べる。食料は、12 の**中分類**、すなわち、(1)穀類、(2)魚介類、(3)肉類、(4)乳卵類、(5)野菜・海藻、(6)果物、(7)油脂・調味料、(8)菓子類、(9)調理食品、(10)飲料、(11)酒類、(12)外食に分類される。

　図 4-17 と図 4-18 は、それぞれ、それらへの支出額と構成比の推移を示す。図 4-18 から、穀類や魚介類、果物の構成比が低下する一方で、調理食品や外食、菓子類の構成比が上昇していることが観察できる。とくに、穀類の構成比の低下は著しく、1963 年における約 25％から 2021 年における 8％強にまで低下した。逆に、調理食品と外食の構成比は顕著に上昇した。1963 年において、調理食品の構成比は約 3％、外食の構成比は約 7％であった。2019 年には、調理食品の構成比が約 14％、外食の構成比が約 21％になった。ただし、新型コロナウィルス感染症拡大の防止措置などの影響もあり、2020 年と 2021 年の外食の構成比は約 16％に低下した。

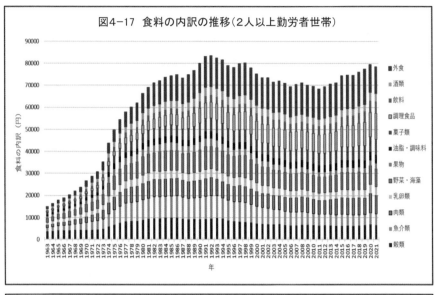

図4-17 食料の内訳の推移（2人以上勤労者世帯）

凡例（上から）：外食、酒類、飲料、調理食品、菓子類、油脂・調味料、果物、野菜・海藻、乳卵類、肉類、魚介類、穀類

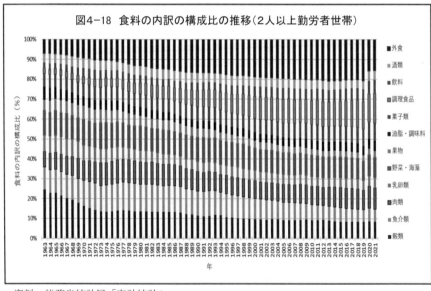

図4-18 食料の内訳の構成比の推移（2人以上勤労者世帯）

凡例（上から）：外食、酒類、飲料、調理食品、菓子類、油脂・調味料、果物、野菜・海藻、乳卵類、肉類、魚介類、穀類

資料　総務省統計局「家計統計」

食料の中での調理食品と外食の特徴は、調理の時間が節約できることと、自分では調理しにくいものを食べられることにあるだろう。調理食品の構成比が上昇した理由は、電子レンジが普及して調理食品の利便性が高くなったこと、共働き世帯の増加等によって調理時間の節約を選好する世帯が増えたこと、世帯人員の減少とくに単身世帯の増加によって、調理の手間なしで手の込んだ食事のできる調理食品が好まれるようになったこと、供給者側も需要の増加に対応して調理食品の製品開発を進めたこと、コンビニエンスストアなどの深夜に営業する店舗が増えて調理食品が購入しやすくなったこと、などに求められるだろう。外食の構成比が上昇したのは、もともと所得水準の上昇とともに外食への支出は増えることに加えて、深夜にも営業するレストランなどが増えて利便性が以前よりも高くなったことも理由だろう。単に栄養を取るという目的だけでなく、付随するサービスの消費も含めて調理食品と外食への支出構成比が上昇したと推察できる。このほか、ここでは考慮外としている価格指数によると、調理食品と外食の価格は、食料の中の他の項目の価格と比べて相対的に安くなる方向で変化した。そのことも、調理食品と外食の需要を増やし、結果的に需要の増加の効果が価格の下落の効果を上回って、食料の中での調理食品や外食への支出の構成比が上昇したのだろう。

食料とその中の項目への支出の推移

　図 4-19a は、横軸に消費支出、縦軸に食料への支出を取った散布図である。1 つの観察点と原点を結んだ直線の傾きがエンゲル係数になる。たとえば、図 4-19a の原点を通る点線の傾きは、1980 年におけるエンゲル係数を表す。縦軸と横軸の目盛りの間隔が異なるので、実際の傾き（0.278=27.8%）と見た目の印象が異なることに注意する。図 4-19a によれば、消費支出が増加していた 1960 年代半ばから 1990 年代前半まで、エンゲル係数は低下していた。その理由は、この期間において、消費支出の増加率よりも食料への支出の増加率が低かったからである。

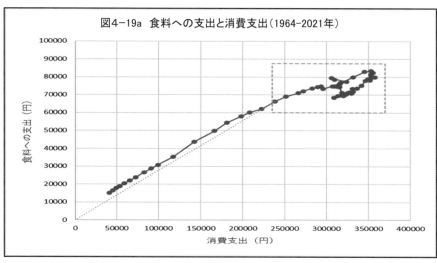

図4-19a　食料への支出と消費支出（1964-2021年）

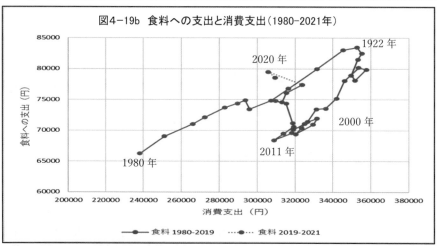

図4-19b　食料への支出と消費支出（1980-2021年）

注1　図4-19aで原点を通る点線の傾きが、1980年におけるエンゲル係数の値を示す。
注2　図4-19aにおける破線の部分を拡大したのが図4-19bである。
注3　2019年から2021年までは点線で示している。
資料　総務省統計局「家計統計」

1992年ごろから、消費支出と食料への支出の関係がそれまでと異なる様子を見せ

始めた。それは、消費支出が長期間減少し始めた時期に当たる。両者の関係の変化を細かく見るため、図 4-19a の破線の部分（1980 年以降）を拡大したのが図 4-19b である。図 4-19b によれば、1990 年代半ばから消費支出が減少したとき、それまでの軌跡から予想されるのよりも大きく食料への支出が減少した。その結果、消費支出が減少したにもかかわらず、エンゲル係数が低下した。もし、それまでの軌跡に沿って食料への支出が減少していたら、エンゲル係数がこの時期に上昇したはずだった。食料への支出の減少が大幅であるためにエンゲル係数が上昇しないという状態は 2010 年代半ばまで続いた。ところが、2010 年代半ばから、消費支出が増えていないにもかかわらず、食料への支出が増えだした。それに伴ってエンゲル係数も上昇した。とくに、2014 年から 2015 年にかけての食料への支出の増加が著しく、エンゲル係数も 1.3 ポイント上昇した。そして、2020 年と 2021 年を例外として、2015 年以降はもとの軌跡に戻ったように見える。

　しかし、この間、食料を構成する 12 の項目への支出の動きは図 4-19b と同じではない。動きの違いによって 12 の食料構成項目を以下のように分類する。ただし、新型コロナウィルス感染症拡大のために例外的な 2020 年と 2021 年を除いて、2019 年までの変化によって分類している。

(a) 消費支出の減少に伴って、それまでの軌跡よりも大きく減少し、2010 年代半ば以降もそれまでの軌跡よりも支出が小さい項目：穀類、魚介類、野菜・海藻、果物、酒類（図 4-20a）

(b) 消費支出の減少に伴って、それまでの軌跡よりも大きく減少し、2010 年代半ばに増加して、もとの軌跡に戻った項目：肉類、乳卵類（図 4-20b）

(c) 消費支出の減少に伴って、それまでの軌跡よりも大きくないしそれに沿って減少して、2010 年代半ばから、それまでの軌跡よりも大きくなった項目：油脂・調味料、菓子類（図 4-20c）

(d) 消費支出が減少しても、当該項目への支出が減少せず、むしろそれまでの軌跡

よりも大きく支出が増加し、2010 年代半ばからさらに大きく増加している項目：調理食品、飲料、外食（図 4-20d）

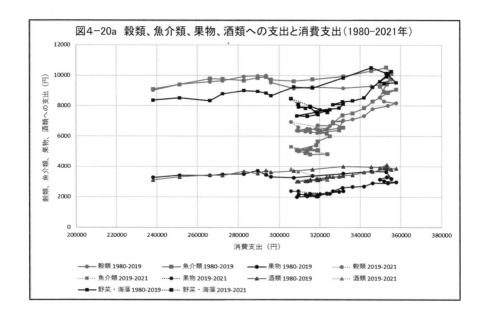

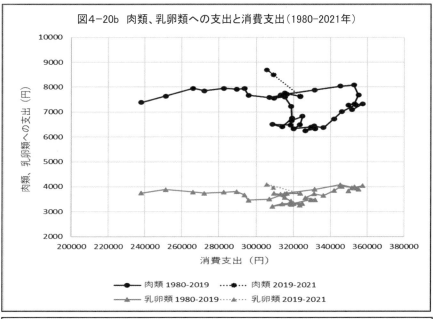

図4-20b　肉類、乳卵類への支出と消費支出（1980-2021年）

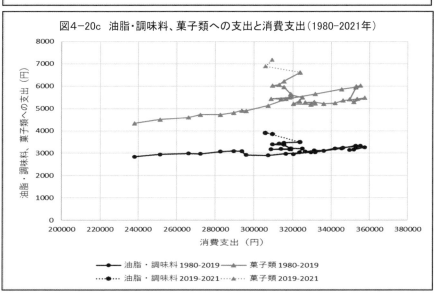

図4-20c　油脂・調味料、菓子類への支出と消費支出（1980-2021年）

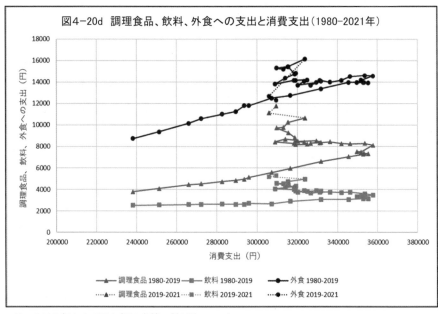

図4-20d 調理食品、飲料、外食への支出と消費支出（1980-2021年）

注　2019年から2021年は点線で結ばれている。
資料　総務省統計局「家計統計」

　図4-20aから図4-20dを垂直方向に合計した結果が図4-19になる。このことから、1990年代半ばから食料への支出がそれまでの軌跡よりも大きく減少したのは、グループ(a)とグループ(b)、グループ(c)への支出減少がグループ(d)への支出増加よりも大きかったためである。その大小関係は2010年代の半ばまで保たれた。ところが、2010年代半ばから、グループ(a)以外の項目への支出が急増した。それらの急増が食料への支出を急増させることになり、食料と消費支出との関係がもとの軌跡に戻った。

　ただし、食料への支出の内訳は以前と異なってきている。今後、これまでの軌跡に沿って食料と消費支出との関係が推移するとは限らない。新型コロナウィルス感染症拡大の影響を受けた2020年と2021年は例外としても、これからしばらく観察

を続ける必要がある。

　また、穀類から外食までの構成項目への支出と消費支出との関係が、なぜ、図4-20aから図4-20dのように変化したのかを、中分類よりもさらに細かく調べるなどして、より詳細に考察する必要がある。その際には、ここでひとまず棚上げしている諸点、たとえば、財・サービスの価格の変化や勤労者世帯の年齢・世帯人員・世帯類型などの変化、などを考慮しなければならない。消費の分析では考慮しなければならない側面がたくさんある。少なくとも、エンゲル係数の変化だけから、生活水準の変化を判断することはできそうにない。

第4章のまとめ

　家計収支の状況は、家計統計に克明に記録されている。それによると、1960年代半ごろは、勤め先収入と繰入金が2人以上勤労者世帯の受取の大部分を占めた。しかし、給与が銀行口座に振り込まれ、クレジットカードによる購入が拡大するにつれて、預貯金引出など実収入以外の部分が増え、繰入金の占める割合が小さくなった。

　勤労者世帯の可処分所得は1960年代半ばから1990年代半ばまで増加を続けた。それに合わせて消費支出も増加した。しかし、1990年代後半から可処分所得が減少し始めると消費支出も減少した。2010年代半ばから可処分所得は再び増加するようになったけれども、消費支出の増加は可処分所得の増加より小さい。

　所得水準の上昇とともに、消費の中身も変化した。1960年代半ばには、食料への支出が消費支出に占める割合は約38%だった。現在では、それが約24%に低下している。逆に、交通・通信への支出が消費支出に占める割合は、同じ期間に約3%から約17%へと上昇した。とくに、携帯電話やスマートフォンなどの移動電話が普及したことで、通信への支出が増加した。

　食料への支出が消費支出に占める割合はエンゲル係数と呼ばれる。エンゲル係数

の低下は生活水準の向上と結び付けられることがある。2010年代半ばから、勤労者世帯のエンゲル係数が上昇している。しかし、食料への支出と消費支出との関係は、1990年代半ばから、それまでと異なる様子を示した。最近におけるエンゲル係数の上昇は、もとの関係に戻ったために生じたようにも見える。しかし、消費支出が減少する局面において、穀類などの食料の構成項目への支出の変化は一様ではない。なぜ、食料への支出と消費支出との関係がこれまでと異なる様子を示したかについて、より詳しい分析が必要である。

　統計分析の観点からは、受取が勤め先収入などの和として表せることを利用して、受取の変化率を構成要素の寄与度に分解して、どの構成要素がどれぐらいの大きさで受取の変化に影響を及ぼしているのかを見た。支払についても同じ分解の方法を適用した。それぞれの構成要素の性質がはっきりしていれば、その変化から合計の変化を考察できるので便利である。

　また、本章では、消費支出と食料への支出など、2つの変数の関係が分析対象であった。その場合の基本的な分析手法は散布図である。とくに、本章では、2つの変数の関係の時系列的な変化を考察するために、散布図上の観察点を時系列の順に直線で結ぶことによって、散布図上で時間が分かるようにした。簡単な工夫であるけれども、時系列データの分析には有用である。

　最後に、本章で利用した統計が、回答者の調査への協力の賜物であること強調したい。どの公的統計も、回答者の調査への協力があって初めて作成が可能となる。本章で用いた家計統計は、家計調査で回答者となった世帯の記録する家計簿に基づいて作成される。さまざまな公的な世帯統計調査の中でも、家計調査は回答者負担が大きいとされる。しかし、そのおかげで、家計の支出の詳細な様子を私たちは知ることができる。このことを忘れてはならないと思う。

注

1) 総務省統計局「家計調査の収支項目分類の改定について（2020 年（令和 2 年）1 月分より）」

　https://www.stat.go.jp/data/kakei/change20.html

2) 廣松他(2006) 99 ページの説明を引用した。

3) 家計調査収支項目分類の基本原則

　　　　https://www.stat.go.jp/data/kakei/2004np/04nh03.html

4) 家計調査の「変動調整値」とは？ ― 2018 年調査方法変更による影響について ―

　　　　https://www.stat.go.jp/info/today/140.html

　佐藤(2020) 171-174 ページにも詳しい説明がある。

5) 調査方法の変更については、4)参照。

6) 家計簿の仕様の変更については、4)参照。

7) 竹内（1989）959 - 960 ページ。

第5章 生活と時間

　私たちは、生活する上で、いつ何をするかを選びながら毎日を過ごす。たとえ何もせずに漫然と時を過ごしたとしても、他の行動をせずにあえてそうすることを選んだと整理すれば、それも選択の一種とみなせる。

　第5章では、私たちの日々の時間の使い方の推移を概観する。

1次活動・2次活動・3次活動

　私たちは1日の時間を何らかの目的のために使う。**社会生活基本統計**において、1日の行動（睡眠、学業、仕事、家事、休養など）はそれらの目的に応じて3つの活動に大別される。すなわち、睡眠や食事など、生命を維持するために必要な**1次活動**、仕事や学業、家事など、社会生活を営むために必要な**2次活動**、そして、スポーツや趣味、娯楽など、自分が自由に使える時間に行う**3次活動**である（表5-1参照）。3次活動に充てる時間が余暇に相当する。

表5-1　1次・2次・3次活動に対応する行動

活　動	活動に含まれる行動
1次活動	睡眠、身の回りの用事、食事
2次活動	通勤・通学、仕事（収入を伴う仕事）、学業（学生が学校の授業やそれに関連して行う学習活動）、家事、介護・看護、育児、買い物
3次活動	移動（通勤・通学を除く）、テレビ・ラジオ・新聞・雑誌、休養・くつろぎ、学習・自己啓発・訓練（学業以外）、趣味・娯楽、スポーツ、ボランティア活動・社会参加活動、交際・付き合い、受信・療養、その他

　資料　総務省「令和3年社会生活基本調査の結果」用語の解説（調査票A関係）
　　　　https://www.stat.go.jp/data/shakai/2021/kekka.html#a5

表 5-2 は、1986 年から 2016 年までの、1 次・2 次・3 次活動に費やされた時間（土日を含む 1 週間の 1 日当たり平均）の推移を示す。

表 5-2 から、1 次活動の時間が男女とも徐々に長くなっていることが分かる。後述するように、その一因は高齢化である。2 次活動の時間は 1991 年から 2001 年にかけて大きく減少した。減少の主因は、その時期に週休 2 日制が浸透したことにある。このほか、労働力人口比率の変化も 2 次活動の時間に影響を及ぼす。3 次活動の時間の増加は、2 次活動の時間の減少と表裏の関係にある。男女の違いについて見ると、男性の 3 次活動の時間は女性よりも長く、女性の 1 次活動の時間と 2 次活動の時間は男性よりも長い。2 次活動に男女差が生じる理由は、女性が家事・育児に費やす時間が男性に比べて長く、その差が仕事に費やす時間の男女差よりも大きいからである。

男女とも 2021 年に 1 次活動の時間が急増して、2 次・3 次活動の時間が減った。その主因は、新型コロナウィルス感染症拡大を防止するための行動制限などの影響により、在宅時間が増えたことである。

表5-2　男女・活動種類別生活時間の推移

（時間.分）

年	男			女		
	1次活動	2次活動	3次活動	1次活動	2次活動	3次活動
1986	10.20	7.41	5.59	10.30	7.54	5.36
1991	10.19	7.33	6.08	10.30	7.46	5.44
1996	10.26	7.15	6.19	10.39	7.21	6.00
2001	10.28	6.55	6.37	10.40	7.04	6.15
2006	10.29	7.02	6.28	10.40	7.06	6.14
2011	10.31	6.51	6.38	10.45	6.59	6.16
2016	10.32	6.52	6.36	10.47	7.04	6.09
2021	10.49	6.38	6.34	11.02	6.58	6.00

注　丸めの誤差のため、1 日の活動時間の合計が 24 時間とならない場合がある。
資料　総務省統計局「社会生活基本統計」

社会生活基本統計は、生活時間の配分や余暇時間における主な活動の状況などを調査し、国民の社会生活の実態を明らかにすることを目的とする基幹統計である。1日の時間の使い方を表す生活時間編と、1年間の余暇時間における行動を表す生活行動編から成る。総務省統計局の実施する社会生活基本調査を基に作成される。1976年から5年周期で実施されている。開始当初、余暇時間における活動に関する調査は世界的にも珍しく、雛形になる統計がなかったため、調査項目等も独自に検討された。1986年以降の統計については時系列的に比較しやすい。生活時間編の統計を利用する際には、調査が実施される10月中の9日間（1人の回答者については、9日間のうち連続する2日間）における時間配分が集計されることに注意する。

年齢別の活動時間

1日の時間の使い方は、男女や年齢によって異なる。図5-1aと図5-1bは、それぞれ、男女・年齢階級別の、1日における1次・2次・3次活動の平均行動時間を示す。ただし、1次活動は、睡眠と身の回りの用事、食事に細分している。また、新型コロナウィルス感染症拡大の影響によって、2021年における生活時間は通常時と異なるため、ここでは2016年の結果を参照する。

図5-1aによると、男性の1次活動の時間は、15歳から59歳まで、平均的に約10時間である。睡眠時間は20歳から54歳まで減少し、身の回りの用事や食事の時間は増える。55歳以降は睡眠時間が増え、身の回りの用事や食事の時間も増えるので、1次活動の時間が増える。2次活動の時間は60歳以降に急減する。それに合わせて3次活動の時間が増える。

図5-1bから、女性の1次活動の時間について、男性と類似の特徴が見いだせる。ただし、女性の睡眠時間は男性よりも短く、40歳以降では平均的に20分ほど差が

ある。60歳以降における2次活動の時間の減少は、男性ほど急激ではない。その一因は、女性の2次活動の中に占める家事の割合が大きいためである。その結果として、女性の高齢者の3次活動の時間は、男性よりも短い。

　男女とも、60歳以降は、年齢が高くなるほど睡眠時間や食事に費やす時間が長くなる。このことから、社会が高齢化すれば、1次活動の時間が長くなる。ただし、これは年齢だけが原因とは言えず、高齢になるほど就業している者の割合が低くなり、2次活動の時間が短くなることも原因であろう。

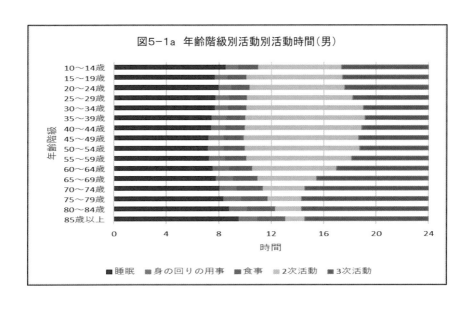

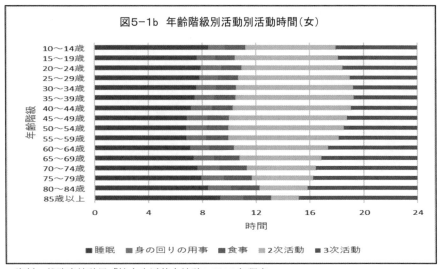

図5-1b　年齢階級別活動別活動時間（女）

資料　総務省統計局「社会生活基本統計」2016 年調査

時間帯別に見た仕事の行動者率の推移

　1日の過ごし方は、種々の行動に費やした時間だけでなく、それらをいつ実行するかによっても異なる。たとえば、1日のうちのいつからいつまで仕事をするかによって、その日の過ごし方は違う。

　社会生活基本統計から、それぞれの行動について、時間帯別の行動者率を調べられる。**行動者率**とは、ある集団の成員のうち、特定の行動をとっていた者の割合を指す。たとえば、男性の**有業者**のうち、平日の午前 10 時から 10 時 30 分まで仕事をしていた者の割合が、その時間帯における男性・有業者の「仕事」の行動者率である。図 5-2a から図 5-2f は、20 歳以上の有業者について、男女・曜日・時間帯別の「仕事」の行動者率の推移を示す。

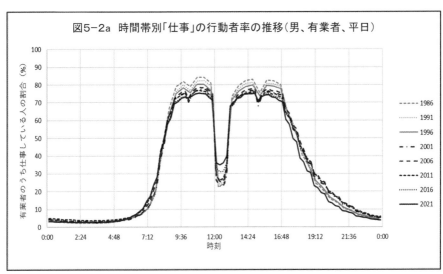

図5-2a 時間帯別「仕事」の行動者率の推移（男、有業者、平日）

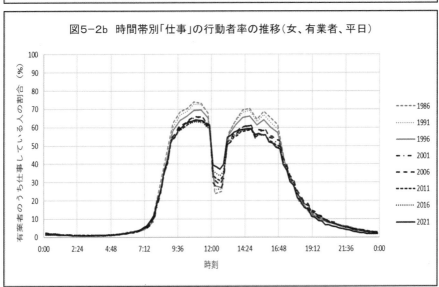

図5-2b 時間帯別「仕事」の行動者率の推移（女、有業者、平日）

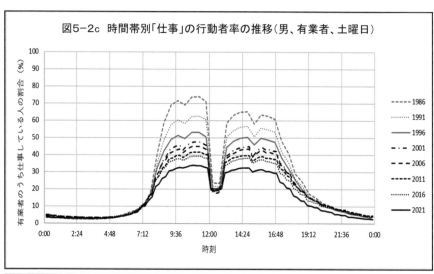

図5-2c 時間帯別「仕事」の行動者率の推移（男、有業者、土曜日）

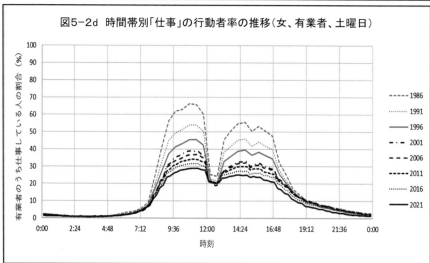

図5-2d 時間帯別「仕事」の行動者率の推移（女、有業者、土曜日）

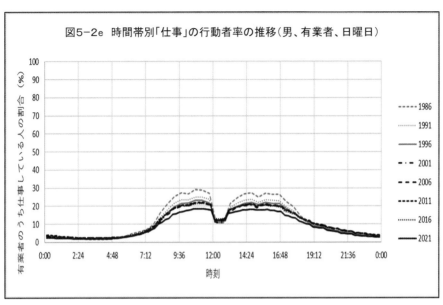

図5-2e 時間帯別「仕事」の行動者率の推移（男、有業者、日曜日）

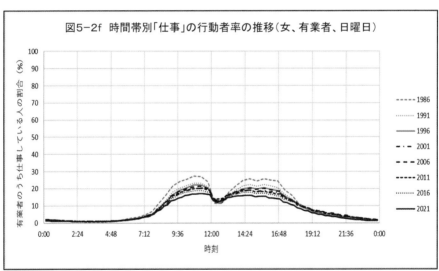

図5-2f 時間帯別「仕事」の行動者率の推移（女、有業者、日曜日）

資料　総務省統計局「社会生活基本統計」

　社会生活基本統計などにおける有業者と労働力統計などにおける就業者は、収入を伴う仕事をしている者という点で似ている。けれども、厳密には両者の定義は異なる。有業者とは、ふだんの状態として収入を目的とした仕事をしている者を指す。就業者とは、調査対象期間中に収入を伴う仕事を 1 時間以上した者（従業者）と収入を伴う仕事を持ちながらもその期間に仕事をしなかった者（休業者）から成る。ふだんの状態における就業状況に基づく前者の定義をユージュアル方式、特定の期間における就業状況に基づく後者の定義をアクチュアル方式と呼ぶ。ふだんは収入を目的とした仕事をしていないけれども、調査対象期間中にたまたまアルバイトをした者は、有業者ではないけれども就業者には勘定される。就業に関連する統計を調べるときには、どちらの方式による調査かを確認する必要がある。

　有業者のグループの中でも、働き方には幅がある。主に仕事をしている者から、家事や学業のかたわらに仕事をする者まで、さまざまである。図 5-2a から図 5-2f において、男性の行動者率が女性の行動者率よりも高い 1 つの理由は、女性の有業者に占めるパートやアルバイトで働く人の比率が男性よりも高いことにある。平日において、男性の「仕事」の行動者率は午前と午後で差がほとんどない（図 5-2a）。女性は午前の方が若干高くなる（図 5-2b）。これも、同じ理由によるのだろう。

　男女に共通する特徴としては、午前 9 時直前に「仕事」の行動者率が急上昇する。それに対して、午後 5 時直後における「仕事」の行動者率の低下は緩やかである。そのようになる理由は、仕事の開始時刻が午前 9 時に集中しているのに対して、終了時刻には当日の仕事の状況などによって散らばりが生じるからだろう。

　時系列的な変化としては、男女とも、朝から夕刻までの時間帯全般において「仕事」の行動者率が低下した。とくに、土曜日における行動者率の低下が目立つ。お

そらく、週休2日制を導入する際に、土曜日を休日とする企業が多かったのだろう。一部の企業は土曜日以外を休日としたため、平日の「仕事」の行動者率も低下した。週休2日制の導入に加えて、フレックス・タイム制の導入や、就業形態の多様化による就業時間帯の分散化も「仕事」の行動者率を低下させたと考えられる。なお、図5-2aなどからは確認しづらいものの、深夜から早朝までの時間帯における「仕事」の行動者率がわずかながら上昇した。以前よりも深夜から早朝に営業する業態が増えたためだろう。

　2021年においては、平日については、男女とも、正午から午後1時までの「仕事」の行動者率が上昇した一方で午後5時以降の行動者率が低下し、土曜日・日曜日についてはすべての時間帯において「仕事」の行動者率が低下した。平日の変化については、おそらく、新型コロナウィルス感染症拡大の影響によって、在宅勤務の比率が上昇して、昼休みの時間帯に仕事をする者の割合が高くなり、午後5時以降は残業する者の割合が低くなったことが原因であろう。

睡眠と3次活動に属する行動に関する時間帯別行動者率の変化

　週休2日制の導入という制度の変更によって、1日のうちで有業者が仕事以外の行動に費やせる時間が増えた。その結果、どのような行動が増えたのか。まず、男女とも、土曜日の午前中に睡眠している人の割合が上昇した。図5-3aと図5-3bはそれを示す。平日と日曜日にも類似の傾向が観察できる（図表は掲載していない）。しかし、土曜日ほど顕著ではない。

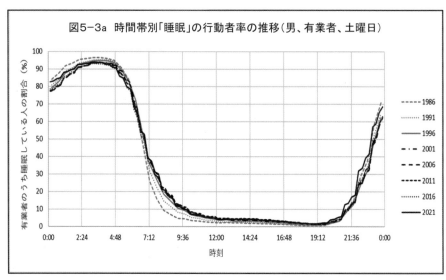

図5-3a 時間帯別「睡眠」の行動者率の推移（男、有業者、土曜日）

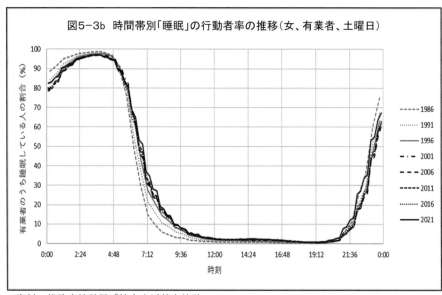

図5-3b 時間帯別「睡眠」の行動者率の推移（女、有業者、土曜日）

資料　総務省統計局「社会生活基本統計」

図 5-3a と図 5-3b から観察できるもう 1 つの傾向は、晩から早朝にかけて睡眠している者の割合が低下していることである。この傾向は平日や日曜日にも生じている（図表は掲載していない）。「睡眠」の行動者率の低下の大きさは、図 5-2a から図 5-2f における仕事の行動者率の上昇よりも大きい。つまり、晩から早朝までの時間帯に仕事以外の行動のために起きている者の割合が上昇した。

　新型コロナウィルス感染症拡大の影響の大きかった 2021 年においては、男女とも、午前 0 時から午前 2 時ごろまでの「睡眠」の行動者率が若干上昇し、午後 7 時ごろから 11 時ごろにかけての行動者率も上昇した。

　睡眠以外の行動についても、有業者の時間帯別行動者率に変化が生じた。ここでは、変化の大きい土曜日について、3 次活動に属する行動の時間帯別行動者率の推移を調べる。図 5-4a から図 5-13b において、縦軸の尺度が図によって異なることに注意する。

　まず、図 5-4a と図 5-4b は、「移動（通勤・通学を除く）」に関する男女・時間帯別の行動者率の推移を示す。3 次活動に属する移動については、通勤と異なって、移動の時間帯が分散している。男女とも、午前 9 時過ぎから「移動（通勤・通学を除く）」の行動者率が上昇し、午後 5 時ごろが最も高くなる。このことは、平日や日曜日にも観察される。土曜日のその時間帯において移動している者の割合は、1986 年から 2001 年にかけて約 3 ポイント高くなった。2001 年以降、「移動（通勤・通学を除く）」の時間帯別行動者率に大きな変化はない。午後 5 時以降における移動について、女性の行動者率が上昇した結果、最近では男女差がなくなっている。新型コロナウィルス感染症拡大の影響が大きかった 2021 年においては、男女とも、午前 9 時までの行動者率が若干低下し、午後、とくに午後 5 時以降の行動者率が大きく低下した。

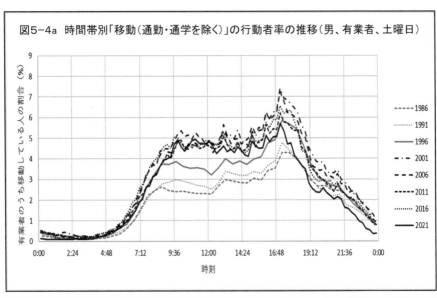

図5-4a 時間帯別「移動(通勤・通学を除く)」の行動者率の推移(男、有業者、土曜日)

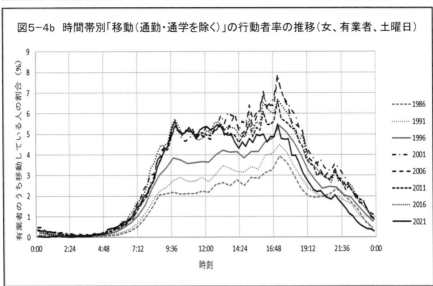

図5-4b 時間帯別「移動(通勤・通学を除く)」の行動者率の推移(女、有業者、土曜日)

資料　総務省統計局「社会生活基本統計」

図 5-5a と図 5-5b は、「テレビ・ラジオ・新聞・雑誌」（ただし、テレビゲーム等のためにテレビ等を使用する行動は除かれている）の行動に関する男女・時間帯別行動者率を示す。男女とも、午後 7 時ごろから行動者率が急上昇して、午後 9 時少し前に最高となり、その後急低下する。行動者率の水準とグラフの形状の両方の面で、男女の差は小さい。時系列的な変化としては、午前 8 時ごろから午後 7 時ごろまでの行動者率が上昇する一方で、午後 9 時少し前の行動者率が大きく低下している。低下の原因は、午後 7 時までの行動者率が上昇したこととともに、世帯にインターネットが普及したことが挙げられる。それまでテレビの視聴や新聞の閲覧などに費やされていた時間が、趣味・娯楽や休養・くつろぎに分類されるようになったのだろう。この点については後に改めて詳しく調べる。2021 年においては、「テレビ・ラジオ・新聞・雑誌」の行動者率は、男女とも、午後 8 時ごろまでは大きな変化がなく、それ以降の時間帯で低下した。この時間帯における行動者率の時系列的な低下がそのまま続いたように見えるという意味で、新型コロナウィルス感染症拡大の影響は小さかったと言える。

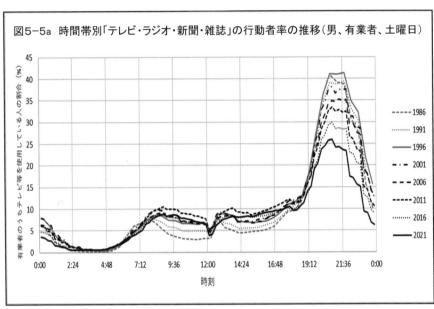

図5-5a　時間帯別「テレビ・ラジオ・新聞・雑誌」の行動者率の推移（男、有業者、土曜日）

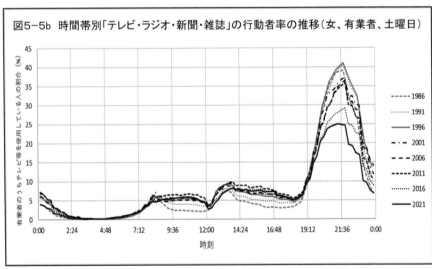

図5-5b　時間帯別「テレビ・ラジオ・新聞・雑誌」の行動者率の推移（女、有業者、土曜日）

資料　総務省統計局「社会生活基本統計」

図 5-6a と図 5-6b は、男女・時間帯別の「休養・くつろぎ」の行動者率の推移を
示す。男女とも、午前 7 時ごろから行動者率が上昇し始めて、午後 5 時から 7 時ご
ろにいったん低下し、再度上昇して午後 9 時ごろに最高となり、以降は急低下する。
男女の差は比較的小さい。時系列的な変化としては、全体的に、とくに午後 7 時以
降における行動者率が上昇する一方で、正午から午後 1 時までの行動者率が急激に
低下している。おそらく、土曜日を休みとする企業が増えた結果、以前は昼休みの
休憩時間が「休憩・くつろぎ」として記録されていたけれども、今ではその時間が
別の行動のための時間として記録されるようになったのだろう。2021 年においては、
男女とも、すべての時間帯で、とくに午後、それも午後 7 時以降における行動者率
が上昇した。2021 年には土曜日にも在宅者の比率はそれまでよりも高かったであろ
うから、仕事や通勤の時間が少なくなった分の多くが「休養・くつろぎ」に充てら
れたように見える。

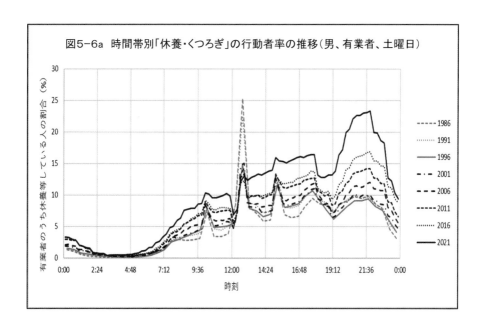

図5-6a　時間帯別「休養・くつろぎ」の行動者率の推移（男、有業者、土曜日）

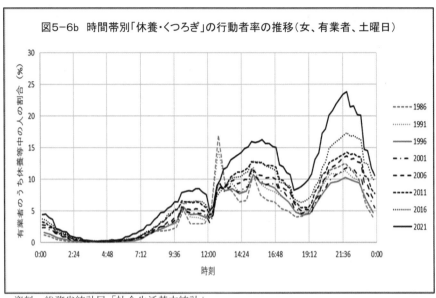

図5-6b 時間帯別「休養・くつろぎ」の行動者率の推移（女、有業者、土曜日）

資料　総務省統計局「社会生活基本統計」

　図5-7aと図5-7bは、男女・時間帯別の「学習・自己啓発・訓練（学業以外）」の行動者率の推移を示す。グラフの様子としては、午前7時過ぎから行動者率が上昇し始めて、食事時に当たる正午と午後5時ごろに一時的に低下して、午後9時過ぎから低下する。他の行動に比べて、行動者率の水準が低いことに注意する。時系列的な変化としては、男性の午前中の行動者率が上昇する代わりに、午後7時以降の行動者率が低下した。これに対して、女性は、午前8時ごろから午後7時前までの行動者率が上昇し、夕刻の行動者率はほとんど変化していない。結果的に、2016年においては、男女差がほとんどなくなった。

　新型コロナウィルス感染症拡大の影響の大きかった2021年においては、男性の行動者率が2016年よりも上昇したのに対して、女性の行動者率は2016年よりも低下した。

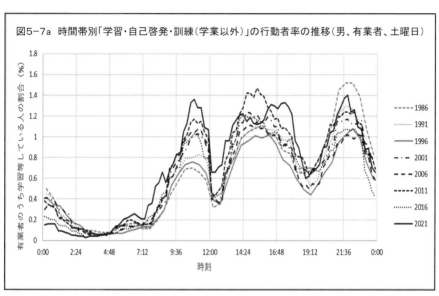

図5-7a 時間帯別「学習・自己啓発・訓練（学業以外）」の行動者率の推移（男、有業者、土曜日）

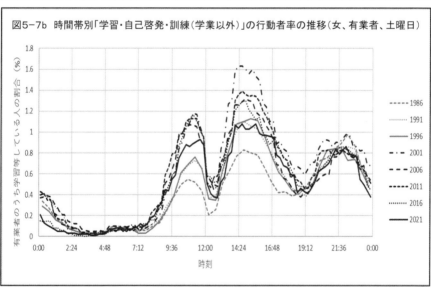

図5-7b 時間帯別「学習・自己啓発・訓練（学業以外）」の行動者率の推移（女、有業者、土曜日）

資料　総務省統計局「社会生活基本統計」

図 5-8a と図 5-8b は、男女・時間帯別の「趣味・娯楽」の行動者率の推移を示す。男女とも、午前 10 時ごろと午後 3 時ごろ、午後 9 時ごろに行動者率の頂点がある。全般的に、男性の行動者率が女性よりも高い。時系列的な変化としては、すべての時間帯について、行動者率が上昇している。とくに、午前 0 時から早朝にかけての時間帯における上昇が、他の行動に比べて大きい。土曜日が休みになる企業が増えて、まとまった時間が取れるようになったことが、すべての時間帯における行動者率が上昇したことの一因だろう。

新型コロナウィルス感染症拡大の影響が大きかった 2021 年においては、男女とも、およそすべての時間帯において「趣味・娯楽」の行動者率が上昇した。とくに、午後 7 時以降に大きく上昇した。ただし、2016 年までの上昇と比べて顕著に上昇したとまでは言えない。

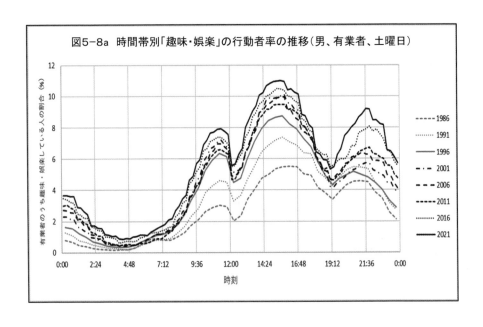

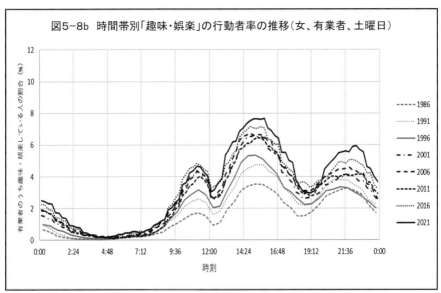

図5-8b 時間帯別「趣味・娯楽」の行動者率の推移（女、有業者、土曜日）

資料　総務省統計局「社会生活基本統計」

　社会生活基本統計では、「スポーツ」が「趣味・娯楽」と区別される。図 5-9a と図 5-9b は、男女・時間帯別の「スポーツ」の行動者率を示す。全体的な様子としては、午前 10 時ごろと午後 2 時ごろに頂点があるほか、朝食前と夕食後と思しき時間帯に低めの頂点があることも確認できる。全般的に、男性の行動者率が女性よりも高い。時系列的な変化としては、全般的に行動者率の上昇が見られる。とくに、男女とも、午前 8 時ごろから正午までの行動者率が目立って上昇した。

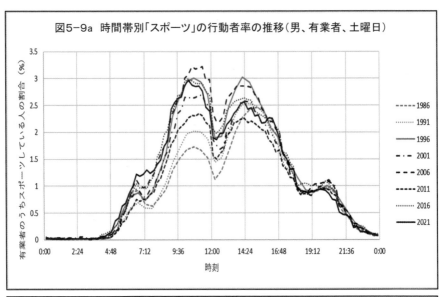

図5-9a 時間帯別「スポーツ」の行動者率の推移（男、有業者、土曜日）

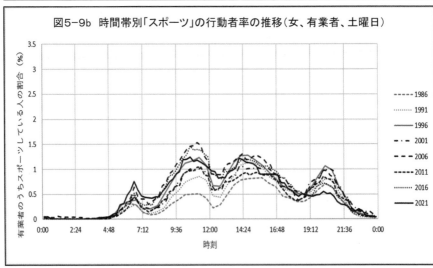

図5-9b 時間帯別「スポーツ」の行動者率の推移（女、有業者、土曜日）

資料　総務省統計局「社会生活基本統計」

「スポーツ」が他の 3 次活動と異なる点は、時系列的な変化として、土曜日における行動者率が上昇した代わりに、日曜日における行動者率が低下したことである。図 5-10a と図 5-10b はこのことを示す。依然として、日曜日における「スポーツ」の行動者率の水準は土曜日よりも高い。しかし、午前 10 時ごろと午後 2 時ごろの行動者率は目立って低下している。3 次活動に属する他の行動の多くにおいては、日曜日の時間帯別行動者率が土曜日と同じように上昇しているか、あまり大きく変化していない。

　土曜日・日曜日における「スポーツ」の行動者率の時系列的な変化が 3 次活動に属する他の行動と異なる理由は、以下のように推察できる。野球やテニスのように、複数の人で楽しむスポーツの場合、活動可能な時間が増えても活動の回数は増えないことが多いと思える。たとえば、週に 1 回、仲間で集まって日曜日にテニスをしていたところを、土曜日が休みになったのを機会に曜日を変更して日曜日を休息に充てるということがありうる。1 人で運動する場合も、週に 1 回まとめて運動すると決めている人がある程度いるのだろう。これらは憶測ではあるものの、ありそうなことと筆者には思える。

　2021 年においては、男女とも、土曜日の「スポーツ」の行動者率が若干低下し、日曜日は大きく低下した。

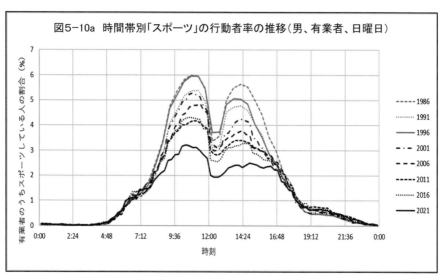

図5-10a 時間帯別「スポーツ」の行動者率の推移（男、有業者、日曜日）

- - - - 1986
······ 1991
——— 1996
— · — 2001
- - - 2006
- - - 2011
······ 2016
——— 2021

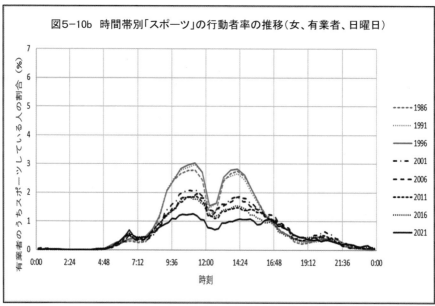

図5-10b 時間帯別「スポーツ」の行動者率の推移（女、有業者、日曜日）

- - - - 1986
······ 1991
——— 1996
— · — 2001
- - - 2006
- - - 2011
······ 2016
——— 2021

資料　総務省統計局「社会生活基本統計」

図5-11aと図5-11bは、土曜日における男女・時間帯別の「ボランティア活動・社会参加活動」の行動者率の推移を示す。この活動については、自然災害の発生などによって行動者率が左右されているようである。たとえば、2011年に発生した東日本大震災や、2016年に発生した熊本地震などは、同じ年の「ボランティア活動・社会参加活動」の行動者率を押し上げた。行動者率の平均的な水準は 1%未満であり、全般的に行動者率が低い。

　なお、新型コロナウィルス感染症拡大の影響が大きかった2021年には、「ボランティア活動・社会参加活動」の行動者率が低下した。とくに、午後の時間帯における低下が大きかった。

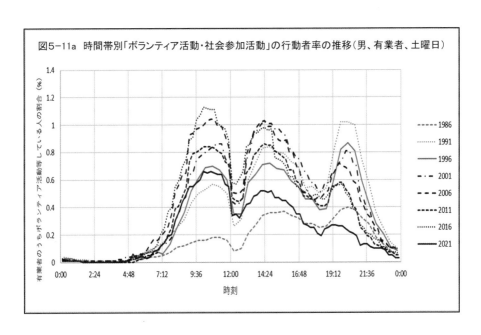

図5-11a　時間帯別「ボランティア活動・社会参加活動」の行動者率の推移（男、有業者、土曜日）

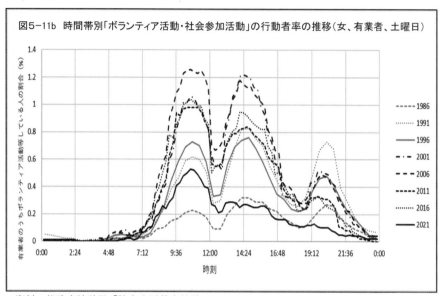

図5-11b 時間帯別「ボランティア活動・社会参加活動」の行動者率の推移（女、有業者、土曜日）

資料　総務省統計局「社会生活基本統計」

　図5-12aと図5-12bは、男女・時間帯別の「交際・付き合い」の行動者率の推移を示す。男性の場合、正午から行動者率が上昇し始め、午後8時ごろに最高になって、その後低下する。これらの点は、女性の場合も似ている。けれども、夕食時における低下が男性よりも顕著である。時系列的な変化としては、1986年から2001年まで、正午から午後5時ごろまでの行動者率が上昇したものの、2001年より後はその時間帯における行動者率が低下している。また、午後5時よりも遅い時間帯の行動者率は低下している。とくに、男性の行動者率が著しく低下した。男女とも、平日の夕刻や日曜日の午後における行動者率も低下している（図表は掲載していない）。とくに、女性の平日・日曜日の行動者率の低下は土曜日よりも大きかった。

　新型コロナウィルス感染症拡大の影響が大きかった2021年には、さらに行動者率が低下し、とくに午後2時以降の低下が顕著であった。飲食店における時間制限などの影響もあったとみられる。

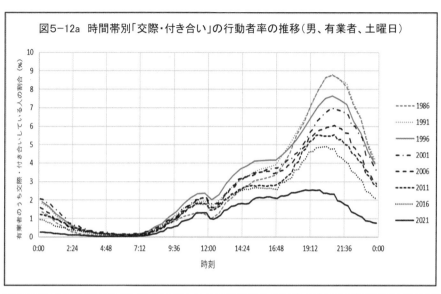

図5-12a 時間帯別「交際・付き合い」の行動者率の推移（男、有業者、土曜日）

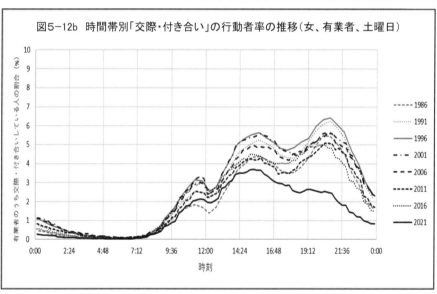

図5-12b 時間帯別「交際・付き合い」の行動者率の推移（女、有業者、土曜日）

資料 総務省統計局「社会生活基本統計」

「受診・療養」も 3 次活動に分類される。図 5-13a と図 5-13b は、土曜日におけ
る、男女・時間別の「受診・療養」の行動者率の推移を示す。1 日の中の行動者率
の様子としては、午前中の行動者率が高い。平日においては、午前 9 時過ぎに行動
者率が高くなる時間帯が集中している（図表は掲載していない）。それに対して、土
曜日は午前中の全体にわたって行動者率が高くなっている。時系列的な変化として
は、土曜日午前中の行動者率が上昇している。逆に、日曜日の行動者率は低下して
いる。この点は「スポーツ」の曜日別行動者率と似ている。おそらく、土曜日を休
日とする企業が増えたため、従来は日曜日以外に通院できなかったところを、土曜
日に通院できるようになったことが背景にあるのだろう。

　新型コロナウィルス感染症拡大の影響が大きかった 2021 年においては、男女と
も、午前中の行動者率が上昇した一方で、午後 5 時以降の行動者率が若干ながら低
下した。

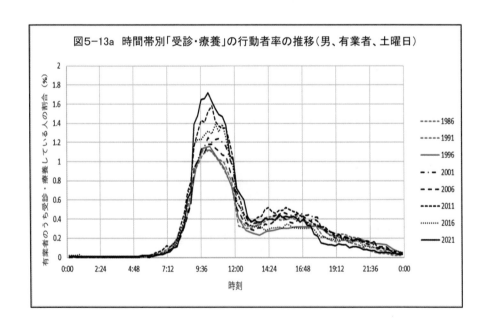

図5-13a　時間帯別「受診・療養」の行動者率の推移（男、有業者、土曜日）

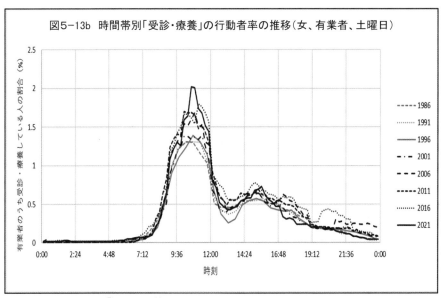

図5-13b 時間帯別「受診・療養」の行動者率の推移（女、有業者、土曜日）

資料 総務省統計局「社会生活基本統計」

３次活動に属する行動の行動時間とインターネットの使用時間との関係

　2016 年に実施された社会生活基本調査（調査票 A）では、インターネットに接続することによって得られるサービスを利用するためにスマートフォンやパソコンを使用した時間と時間帯が調査された。ただし、仕事や学業を目的とした使用はそこから除かれる。表 5-2 においては、1 日 24 時間が排他的に 1 次・2 次・3 次活動に配分されている。これと異なり、スマートフォン等の使用時間は、使用目的に応じて 24 時間の中で使用された時間が記録されている。その記録は排他的ではない。そして、表 5-2 を作成するための質問項目とは独立した質問項目として、スマートフォン等の使用時間が調査された。このことを利用して、スマートフォン等の使用時間と 3 次活動に属する行動の平均行動時間との関係を考察する。

　まず、2016 年調査によって、インターネットと接続してあるスマートフォンやパ

ソコンがどのような目的で使用されているのかを時間帯別に調べる。図 5-14a と図 5-14b は、20 歳以上の有業者について、土曜日における男女・利用目的・時間帯別のスマートフォン等使用割合を示す。ここで、使用割合とは、ある時間帯において、20 歳以上の男女別有業者のうちどのくらいの割合が特定の目的のためにスマートフォン等を使用していたかを指す。時間帯別行動者率が指定時間帯（15 分間隔）に取られた 1 つの行動によって定義されるのに対して、調査票 A に基づく使用割合は指定時間帯（3 時間）に取られた行動すべて（複数になりうる）によって測定される。行動者率と区別するために、スマートフォン等の使用者の比率を使用割合と呼ぶ。

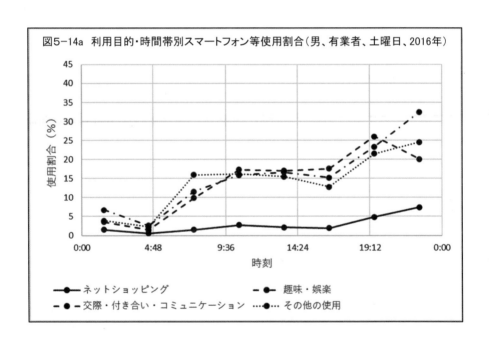

図5-14a　利用目的・時間帯別スマートフォン等使用割合（男、有業者、土曜日、2016年）

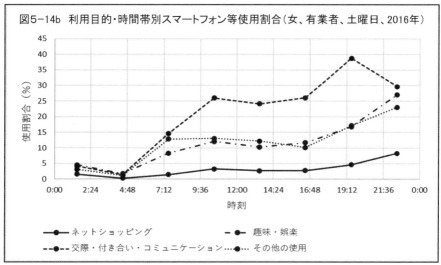

図5-14b　利用目的・時間帯別スマートフォン等使用割合（女、有業者、土曜日、2016年）

資料　総務省統計局「社会生活基本統計」2016年調査

　図5-14aによれば、男性については、「趣味・娯楽」と「交際・付き合い・コミュニケーション」、「その他」が、多くの時間帯においてほぼ同じ使用割合となっている。ここで、「その他」には、ニュースの閲覧やその他の情報収集が含まれる。前述のように、社会生活基本調査の調査票Aによる時間帯別スマートフォン等の使用状況の調査は、3時間間隔で使用目的別の行動の有無について尋ねている。たとえば、午前0時から午前3時までに、「ネットショッピング」と「趣味・娯楽」、「交際・付き合い・コミュニケーション」、「その他」について、使用した目的のすべてを回答することになっている。時間帯の間隔が長いことから、これら3つの行動がほぼ並行して1つの時間帯に記録されていると推察できる。ネットショッピングは、他の3つの使用目的とは独立に、財・サービスの購入の必要に応じて利用されるのだろう。

　図5-14bによれば、女性については、「交際・付き合い・コミュニケーション」の使用割合が断然高い。その水準は、男性よりも高い。「趣味・娯楽」と「その他」の

157

ための使用割合は、それぞれの時間帯でほぼ等しい。ただし、その水準は男性よりも低い。「ネットショッピング」の使用割合は、男性とほぼ同じ水準である。男性の場合と同じく、「ネットショッピング」については、他の３つの目的とは独立に、必要に応じてスマートフォン等が使用されるのだろう。

　男女に共通する性質として、夜間に使用割合が上昇すること、「交際・付き合い・コミュニケーション」の使用割合が深夜の時間帯に低下することが挙げられる。また、特定の時間帯に短時間でも当該目的のためにスマートフォン等を利用すれば使用として勘定されるため、男女とも、時間帯別使用割合の様子に曜日による違いがほとんどない。

　次に、同じ 2016 年調査によって、土曜日における有業者の各種行動の平均行動時間とスマートフォン等の使用時間との関係を調べる。図 5-15a と図 5-15b は、男女それぞれについて、各種行動の平均行動時間とスマートフォン等の使用時間との散布図を示す。なお、平日と日曜日においても、各種行動の平均行動時間とスマートフォン等の使用時間の相関関係は類似している（ここでは図示していない）。ただし、有業者にとって自由時間が短い平日と、それが比較的長い土曜日や日曜日では、各種行動の平均行動時間の長さには差がある。ここでは、相関関係を中心に考察する。

　「テレビ・ラジオ・新聞・雑誌」（ただし、テレビゲーム等のためにテレビ等を使用する行動は除かれている）はスマートフォン等の使用時間と負の相関を持つ。すなわち、スマートフォン等の使用時間が長くなると、「テレビ・ラジオ・新聞・雑誌」に費やされる時間が短くなりやすい。

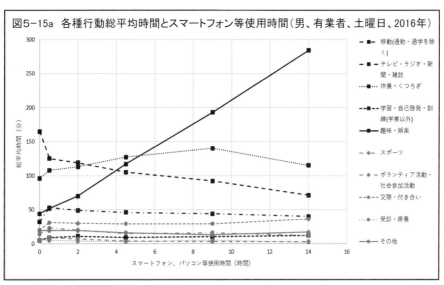

図5-15a 各種行動総平均時間とスマートフォン等使用時間（男、有業者、土曜日、2016年）

凡例:
- ■ 移動(通勤・通学を除く)
- ■ テレビ・ラジオ・新聞・雑誌
- ■ 休養・くつろぎ
- ■ 学習・自己啓発・訓練(学業以外)
- ■ 趣味・娯楽
- スポーツ
- ボランティア活動・社会参加活動
- 交際・付き合い
- 受診・療養
- その他

縦軸：総平均時間（分）
横軸：スマートフォン、パソコン等使用時間（時間）

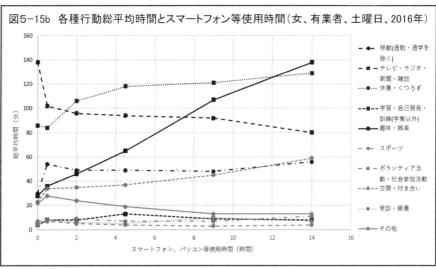

図5-15b 各種行動総平均時間とスマートフォン等使用時間（女、有業者、土曜日、2016年）

凡例:
- 移動(通勤・通学を除く)
- テレビ・ラジオ・新聞・雑誌
- 休養・くつろぎ
- 学習・自己啓発・訓練(学業以外)
- 趣味・娯楽
- スポーツ
- ボランティア活動・社会参加活動
- 交際・付き合い
- 受診・療養
- その他

縦軸：総平均時間（分）
横軸：スマートフォン、パソコン等使用時間（時間）

注　スマートフォン等の使用時間は、以下のように換算した。
　　使用なし→0 時間；1 時間未満→0.5 時間；1 時間以上 3 時間未満→2 時間；3 時間以上
　6 時間未満→4.5 時間；6 時間以上 12 時間未満→9 時間；12 時間以上→14 時間
資料　総務省統計局「社会生活基本統計」2016 年調査

両者の相関が負となる理由は、以下のように推察できる。もともと、テレビとラジオ、新聞、雑誌は行動のための媒体を指している。その媒体を使用する目的は、娯楽として映画を見る、くつろぐために音楽を聴く、面白そうな記事を探す、特定の意図はなく購読中の雑誌に目を通す、などだろう。インターネットに接続することによって得られるサービスが充実するほど、そうした目的はスマートフォンやパソコンなどで達成しやすくなる。代替された時間は、「テレビ・ラジオ・新聞・雑誌」以外の行動、たとえば、「趣味・娯楽」や「休養・くつろぎ」のための時間として記録される。そうすると、「テレビ・ラジオ・新聞・雑誌」に費やされる時間と、スマートフォン等の使用時間とは負の相関を持ちやすくなる。

　逆に、「趣味・娯楽」や「休養・くつろぎ」の時間と、スマートフォン等の使用時間とは正の相関を持ちやすくなる。図 5-14a と図 5-14b においても、ニュースの閲覧などを含む「その他」の目的のためのスマートフォン等の使用割合は比較的高い。

　「趣味・娯楽」については、その行動時間がスマートフォン等の使用時間と正の相関を持つことに関して、より積極的な理由がある。たとえば、インターネットを介したゲームのように、インターネットならではのサービスを利用した行動が「趣味・娯楽」に多く含まれている。さらに、ゲームのように、そうした行動は長時間に及ぶものも多い。スマートフォン等の使用時間と「趣味・娯楽」の行動時間とが強い正の相関を示すのは、こうした事情にもよると推し量れる。

　「交際・付き合い」に費やされる時間とスマートフォン等の使用時間が正の相関を持つ理由は、スマートフォンが実際に友人や家族との連絡に多用されていることによる。図 5-14a と図 5-14b からもこのことを確認できる。

　このほか、スマートフォン等の使用時間とその行動時間との相関が負となる行動としては、「スポーツ」と「ボランティア活動・社会参加活動」が挙げられる。反対に、正の相関となる行動としては、「学習・自己啓発・訓練（学業以外）」が挙げられる。「移動（通勤・通学を除く）」と「受診・診療」は、男女・曜日の別によって相関

の符号が安定しない。ただし、これらの行動の1日当たりの平均行動時間は数分であることが多いため、相関の符号に関する結果が不安定であると思われる。

　また、スマートフォン等の使用時間と「その他」の行動との相関は、男女とも、平日には正、土曜日・日曜日には負となる。しかし、行動の内容が特定されていないため、平日と土曜日・日曜日とで行動の種類が異なる可能性がある。したがって、それに費やした時間とスマートフォン等の使用時間の間の相関について明確なことは述べにくい。

　なお、2021年調査においても、調査票Aに基づく結果から、図5-15a、図5-15bと同様の散布図が作成できる。ただし、パソコンとスマートフォン等の使用時間に関する調査票の様式が変更されたことや在宅時間が長くなったことなど、直接的な比較が難しい面もある。とはいえ、2016年調査とほぼ同じ結果が得られる（図5-16a、図5-16b）。

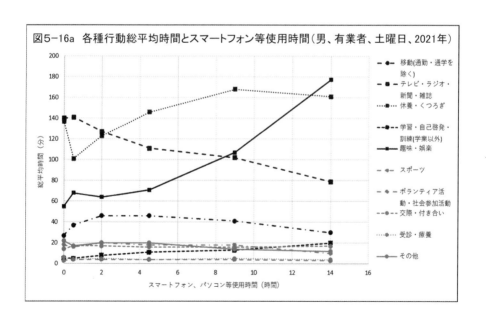

図5-16a　各種行動総平均時間とスマートフォン等使用時間（男、有業者、土曜日、2021年）

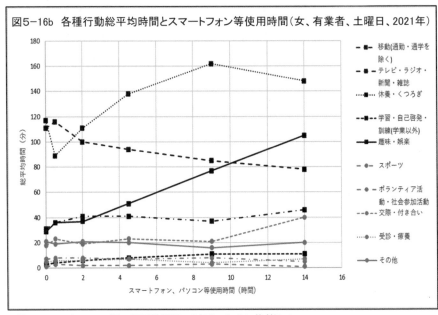

図5-16b　各種行動総平均時間とスマートフォン等使用時間（女、有業者、土曜日、2021年）

凡例：
- ――■― 移動(通勤・通学を除く)
- ――■― テレビ・ラジオ・新聞・雑誌
- ……■… 休養・くつろぎ
- ――▲― 学習・自己啓発・訓練(学業以外)
- ―――― 趣味・娯楽
- ― ● ― スポーツ
- ― ● ― ボランティア活動・社会参加活動
- ――▲― 交際・付き合い
- ……… 受診・療養
- ――●― その他

（縦軸：総平均時間（分）、横軸：スマートフォン、パソコン等使用時間（時間））

注　スマートフォン等の使用時間は、以下のように換算した。
　　使用なし→0時間；1時間未満→0.5時間；1時間以上3時間未満→2時間；3時間以上6時間未満→4.5時間；6時間以上12時間未満→9時間；12時間以上→14時間
　　資料　総務省統計局「社会生活基本統計」2021年調査

第5章のまとめ

　1日における行動は、生理的に必要とされる1次活動、社会の一員として生活するために必要とされる2次活動、自分で自由に選択する3次活動に分けられる。週休2日制の導入などの制度変更の結果、1990年代に2次活動の時間が以前よりも短くなった。その結果、1次活動の時間が若干長くなり、3次活動の時間が男女とも30分ほど長くなった。1次活動の時間が長くなった一因は、人口の高齢化である。

　男女・曜日・時間帯別に、有業者のうち仕事をしている人の割合を見ると、週休2日制で新しく休日となった企業が多いと推察される土曜日だけでなく、平日や日曜日においてその割合が低下している。3次活動に属する行動ついて男女・曜日・時

間帯別の行動者率を観察すると、「趣味・娯楽」、「スポーツ」など多くの行動について時間帯別行動者率が上昇する中で、「テレビ・ラジオ・新聞・雑誌」の時間帯別行動者率が低下している。インターネットを介したサービスによって、以前にはテレビ等で提供されていたサービスが代替されるようになったことが、低下の一因と推察される。

なお、2021年においては、「睡眠」や「休養・くつろぎ」など、心身を休めるための行動に費やされる時間が増えた。おそらく、新型コロナウィルス感染症拡大の影響によって行動が制限されるなかで自宅における自由時間が増えて、それが休養に使われたことが原因であろう。

本章で扱った時間帯別行動者率の統計は、前章までの統計と異なり、定型的な分析方法が当てはめにくい。本章では、横軸に時間帯を取り、縦軸に行動者率を取って、時間帯別行動者率の時系列的な変化を観察するという方法を用いた。この手法自体は素朴である。だが、30分間隔（1996年までの調査）もしくは15分間隔（2001年以降の調査）の記録から推定された行動者率が、それぞれの調査年において比較的滑らかな曲線を描くことは、驚嘆に値すると筆者は思う。

各種行動の平均行動時間とスマートフォン等の使用時間との関係を調べるときには、散布図を利用した。1つの行動を線で結ぶことによって、すべての行動についての平均行動時間とスマートフォン等の使用時間との関係を1つの散布図に描いた。2つの変数の間の関係を調べる方法である散布図に、行動の種類という3つ目の変数の影響も散布図に反映させた。これは、簡単ながら、3つ目の変数の影響を見るために効果的な方法である。

おわりに

　若いころから筆者は歴史が苦手だった。小学生のときには日本歴史漫画を何度も読んだ。そのとき夢中になったことに、中学、高校へと進むにつれてだんだんと興味が持てなくなった。大学生になってもそれは変わらなかった。

　20年以上前に、私学助成財団の派遣研究員としてカナダに留学する機会を得た。留学先の大学では、昼休みに大学院生や教員が事務所前のロビーで昼食をとりながら雑談する風習があった。拙い英語のせいで気後れする自分を奮い立たせて雑談に加わった。そんなある日、よく話し相手になってくれた当時50代前半の大学院生から、四方山話のおりに「おまえぐらいの年齢で日本に生まれ育ったのは、ダイナミックで面白かっただろうな」と言われたことがあった。理由が分からずに首を傾げていると、彼が続けてこう言った。「自分が小さかったころ、日本製といえば、ヘビやカエルなんかを模した安っぽいおもちゃばっかりだった」。すると、隣にいた、彼と同い年ぐらいのインストラクターが「そうだそうだ」と話しに加わってきた。いわく「だから、トヨタやホンダが北米に自動車を輸出すると最初に聞いたときには冗談だと思った。それが、あれよあれよという間に GM やクライスラーを蹴散らしていった」。

　自分の生まれ育った時間と空間がそれほど特殊であるという実感はそれまであまりなかった。もちろん、1945年以降における日本の復興がいかに急速であったかについて、小学校や中学校、高校で教わってはいた。しかし、幼少のときからその真っ只中にいたために、自分の周囲で生じていた変化を当たり前のことと受け止めていた。筆者と同世代の人々は同じ感覚を共有していると思う。だから、「ダイナミックで面白かっただろうな」という言葉が強く印象に残った。

　帰国してから、自分が生きてきた時代について関心を持つようになった。そして、自分自身の記憶と重ね合わせることで、史実が実感できるようになった。幼少のときに都内の団地から郊外の戸建てに引っ越したころのこと、小学校低学年のときに

164

カラーテレビや電子レンジが自分の家に初めて登場したころのこと、小学校高学年のときに第1次石油危機によって世の中が大騒ぎになったころのこと、中学生のときにまだ自宅の近くに残る畑で雲雀がさえずるのを聴きながら登校したころのこと、高校生のときに首都圏の国鉄（現 JR）で最初に設置された自動改札機を使って通学したころのこと、大学生のときに IBM カード1枚1枚に穿孔機でプログラムを書いてゼミ論を作成したころのこと。そうした雑多な記憶が現代史に関する記述と結び付いて、自分の想像力がそこに及ぶようになった。

　本書の執筆を機会に、自分の生きたダイナミックな時代を統計によって振り返ることに決めた。日本の公的統計が一通り整備された時期に生まれたおかげで、それらを通して自らの一生を見つめ直せた。今まで以上に統計が生き生きと見えた。

　ただ、件の友人がダイナミックという言葉で表現したのは、むしろ、製造業を中心とした日本の産業発展であっただろう。本書では、企業・事業所に関する統計に触れていない。その1つの理由は、世帯統計の方が自分の記憶と重ね合わせやすかったからである。しかも、本書で取り上げることができたのは、数多くある世帯統計のほんの一部にすぎない。

　また、本書では、先行研究をほとんど参照しなかった。このため、すでに指摘されている事柄について、先達に言及せずに取り上げていることも多いはずである。けれども、本書で取り上げた事柄は、誰でも入手できる公的統計によって確認できることである。そして、入手した統計に基本的な分析手法を適用して分かることだけを述べるようにした。

　執筆を開始したとき、本書の構成についておおよその姿を思い浮かべてはいた。しかし、書いては調べ、調べては書くという作業を繰り返しているうちに、初期の構想とかけ離れた内容となった。さらに、書いているそばから新しい統計数値が公表されるので、すでに書いた部分を何度か更新・修正しなければならなくなった。このこと自体は、新しい統計が絶え間なく公表されていることを意味し、公的統計

の姿として健全なことなのだと思う。

　脱稿するにあたり、本書執筆の機会を与えていただいた竹村彰通先生（滋賀大学）に感謝したい。また、公的統計による統計の入門書を執筆したいという筆者のわがままを快く受け入れていただいた日本統計協会にも謝意を表したい。筆者にとって、教科書以外の成書を執筆するのは初めての経験だった。さらに、総務省統計局消費統計課のかたがたには、家計調査に関する質問に丁寧に回答していただいた。この場を借りてお礼申し上げたい。もちろん、依然として残る誤りはすべて筆者に責任がある。

　本書執筆を通して、両親やその同世代の人々の努力のおかげで今日の日本があるということを再認識した。末尾ながら、急速な時代の変化に対応しながら筆者を含む3人の子どもを伸び伸びと育ててくれた両親に感謝したい。そして、現在の筆者の研究活動を支えてくれている家族にも感謝したい。

2023 年 2 月 12 日

西郷　浩

参考文献

全般（分析手法）
- 和泉志津恵・市川治・梅津高朗・北廣和雄・齋藤邦彦・佐藤智和・白井剛・高田聖治・竹村彰通・田中琢真・姫野哲人・槇田直木・松井秀俊(2021)『データサイエンス入門 第2版』学術図書出版
- 稲葉由之(2012)『プレステップ 統計学 I 記述統計学』弘文堂
- 西郷浩(2012)『初級 統計分析』新世社

統計を巡る時事的な話題
- 日本統計協会『月刊 統計』日本統計協会

公的統計の黎明期に関する話題
- 総務省統計局統計博物館 website
  https://www.stat.go.jp/museum/

第1章
統計を通じた日本の紹介
- 日本統計協会編(2022)『統計でみる日本 2023』日本統計協会
- 矢野恒太記念会(2021)『日本国勢図絵 2022/2023 年版』
- 総務省統計局 『Statistical Handbook of Japan 2022』
  - https://www.stat.go.jp/data/handbook/index.html

第2章
- 河野稠果(2007)『人口学への招待 少子・高齢化はどこまで解明されたか』中央公論社（中公新書）

第 3 章

● 佐藤朋彦(2013)『数字を追うな 統計を読め』日経新聞社出版

● 中村隆英・新家健精・美添泰人・豊田敬(1992)『経済統計入門 第 2 版』東京大学出版会

第 4 章

● 佐藤朋彦(2020)『家計簿と統計：数字から見える消費生活』慶應義塾大学出版会

● 廣松毅・高木新太郎・佐藤朋彦・木村正一(2006)『経済統計』新世社

● 「エンゲル」(竹内啓編著(1989)『統計学大辞典』東洋経済新報社 所収 959 - 960 ページ)

第 5 章

● 日本統計協会編(2000)『生活時間とライフスタイル』日本統計協会

● 永山貞則・衛藤英達・勝浦正樹(2010)『ワーク・ライフ・バランスと日本人の生活行動』日本統計協会

本書で利用した基幹統計等およびそれを作成するための基幹統計調査等の概要

● 厚生労働省「人口動態調査」

  ➢ https://www.mhlw.go.jp/toukei/list/81-1.html

● 総務省統計局「国勢調査」

  ➢ https://www.stat.go.jp/data/kokusei/2020/index.html

● 総務省統計局「家計調査」

  ➢ https://www.stat.go.jp/data/kakei/index.html

- 総務省統計局「人口推計」
  - ➢ https://www.stat.go.jp/data/jinsui/index.html
- 総務省統計局「社会生活基本調査」
  - ➢ https://www.stat.go.jp/data/shakai/2021/index.html
- 総務省統計局「労働力調査」
  - ➢ https://www.stat.go.jp/data/roudou/index.html
- 法務省出入国在留管理庁「出入国管理統計」
  - ➢ https://www.moj.go.jp/isa/policies/statistics/index.html

索　　引